HANCHES ET FESSES
PARFAITES
EN 10 MINUTES
PAR JOUR

Réalisation : emigreen.com

Lydie Raisin

HANCHES ET FESSES PARFAITES EN 10 MINUTES PAR JOUR

Illustrations de Valérie Lancaster

MARABOUT

SOMMAIRE

COMMENT UTILISER CE MANUEL ?

Quatre exercices différents vous sont proposés chaque jour (5 fois par semaine).

• Durée totale : 10 minutes. Un court instant pour se sentir vraiment mieux !

• À pratiquer suivant vos disponibilités.

• Sans nécessité de place (2 m² suffisent) ou de matériel particulier (le propre poids du corps est suffisant).

• Un résultat sur la fermeté dès le premier mois.

• Un résultat au niveau de l'esthétique et de la tonicité au bout de trois mois (jumelé obligatoirement avec une hygiène alimentaire !).

Comment exactement sont faites nos fesses ?

Le grand fessier

Le moyen fessier

Le petit fessier

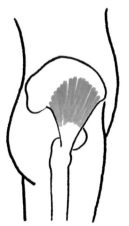
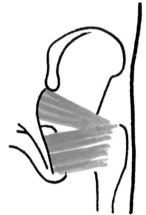

Amusez-vous à tester vos muscles fessiers :

TEST A

Assise sur une chaise, réalisez sans vous arrêter 50 petites contractions rapides des fessiers.

Résultat :

1 – Vous les avez faites sans problème : vous avez des muscles fessiers en béton !

2 – Vous en avez fait entre 40 et 49 : c'est déjà une belle performance. Vous avez peu d'efforts à faire pour être en forme !

3 – Vous en avez fait entre 30 et 39 : c'est une bonne moyenne. Vous n'êtes pas arrivée au bout par manque d'habitude.

4 – Vous en avez fait entre 20 et 30 : il faut vous entraîner un peu, vos muscles sont peu habitués à se contracter.

5 – Vous en avez fait moins de 20 : pas de doute, il faut vous exercer ! Rassurez-vous, si vous contractez vos muscles fessiers à n'importe quel moment de la journée avec régularité, ils se durciront et répondront plus aisément à l'effort.

TEST B

Debout, la jambe gauche semi-fléchie, élevez la jambe droite tendue et immobile à l'arrière le plus haut possible : maintenez ainsi la contraction maximale de la fesse droite pendant une minute.

Résultat :

Temps de maintien :

• 1 minute = excellent,

• aux environs de 45 secondes = bon,

• aux environs de 30 secondes = moyen,

• moins de 30 secondes = il convient de s'entraîner.

Zoom sur la cellulite

Quels sont les divers types de cellulite située sur les hanches féminines?

ON EN DISTINGUE TROIS

• La cellulite dite «molle».

Très courante, elle concerne plutôt les femmes approchant de la cinquantaine. Cependant, on peut la trouver également chez des personnes plus jeunes, très sédentaires. On la reconnaît à la peau distendue, comme altérée. Les tissus semblent avachis. On la remarque plus lorsque la personne est sujette aux variations de poids.

• La cellulite dite «dure».

Elle concerne des sujets jeunes. Elle peut être douloureuse. Son aspect est beaucoup plus dense.

• La cellulite dite «scléreuse»

Elle se traduit par des plaques flasques, auxquelles s'ajoutent comme des petites nodosités compactes à densité fibreuse. La couleur de la peau est très pâle et les fibres élastiques sont fréquemment cassées. Elle apparaît régulièrement au moment de la ménopause ou parfois juste après.

La masse graisseuse corporelle féminine varie en règle générale entre 21 et 27 % (et est présente surtout sur les hanches, le ventre et les cuisses).

LES RÉPONSES AUX QUESTIONS QUE VOUS VOUS POSEZ

Pourquoi a-t-on de la graisse ou de la cellulite sur les hanches ?

Avant tout, à cause de l'hérédité, des hormones (périodes de puberté, grossesse, de ménopause, de prise d'œstrogènes, etc.), d'une mauvaise alimentation, de la sédentarité, d'une mauvaise circulation du sang, de la prise de médicaments (tels les corticoïdes, les neuroleptiques, la progestérone...).

La graisse cellulitique sur les hanches a t-elle la même constitution pour toutes les femmes ?

Non, cela varie d'une femme à l'autre, suivant son patrimoine génétique, son âge et ses activités.

Est-il vrai qu'une femme maigre peut avoir de la cellulite sur les hanches ?

Absolument ; d'ailleurs, dans les 23 % de femmes minces ayant de la cellulite, la moitié en ont sur les hanches...

La cellulite des hanches est-elle douloureuse ?

Cela peut arriver, mais ce n'est pas une généralité.

Une cellulite est sensible surtout si elle présente des caractéristiques inflammatoires quand on appuie sur les terminaisons nerveuses.

La cellulite sur les hanches peut aussi être le reflet d'une mauvaise circulation veineuse, d'où l'intérêt de faire des cures de plantes veinotoniques, toujours avec l'accord de votre médecin.

Quelles sont les tisanes qui peuvent éventuellement aider à éliminer la rétention d'eau sur les hanches ?

Parmi les tisanes à privilégier, pensez-aux plantes suivantes :
– le pissenlit,
- le sureau,
- le cassis (qui améliore aussi la circulation du sang),
- la reine des prés (qui élimine aussi les

déchets des cellules graisseuses,
- l'orthosiphon (thé de Java),
les queues de cerises,
le frêne.

Pour une meilleure circulation du sang, il faut citer, parmi les plantes les plus connues :
- le marron d'Inde (son écorce est connue pour améliorer la circulation),
- l'hamamélis (qui protège vaisseaux et capillaires et améliore la circulation de retour),
- le coudrier, dont les feuilles stimulent le système circulatoire,
- le ruscus (petit houx), plutôt conseillé aux personnes ayant les jambes lourdes, mais qui améliore l'ensemble de la circulation,
- la myrtille (excellente entre autres pour les capillaires),
- et enfin la citronnelle (qui, en plus d'une action générale bénéfique pour le sang, améliore l'état des jambes lourdes).

L'endermologie est-elle efficace pour enlever la cellulite des hanches ?

Oui ! L'endermologie ou la Cellu M6 effectue des massages mécaniques de « palper-rouler ».
L'appareil « Cellu M6 » donne de bons résultats car il améliore la circulation lymphatique et veineuse, agit sur les cellules graisseuses (adipocytes) et aide à leur dégradation.

Après une séance, la peau a un aspect vraiment plus lisse ! On voit un résultat dès la sixième séance.

Attention toutefois : le kinésithérapeute qui l'utilise doit être compétent pour ne pas endommager les vaisseaux sanguins, bien que les derniers types d'appareil n'abîment

Mon conseil

Une astuce pour se sentir légère de partout, y compris des hanches :

Mélangez quelques feuilles de thé vert, de cassis, de myrtille et de citron : laissez infuser environ 10 minutes dans 20 cl d'eau très chaude. Ajoutez éventuellement une goute d'huile essentielle de citron avant de filtrer. Cette tisane a la réputation d'aider à éliminer les graisses et de redonner du dynamisme.

en aucune façon les tissus.

Seul inconvénient : il faut entretenir le résultat obtenu avec une séance tous les 15 jours ou tous les mois, suivant les personnes.

Qu'est-ce que la médisculpture ?

C'est une nouvelle technique pour lutter contre la cellulite adipeuse et infiltrée localisée sur les cuisses, le ventre et les hanches.
Elle s'effectue à l'aide d'infrarouges (qui font augmenter la température de l'hypoderme afin de détruire l'amas graisseux) et d'électrodes. Des injections finalisent ce procédé.

C'est une méthode onéreuse, très à la mode, mais les avis sont partagés quant au résultat…

Lu

ndi

Votre programme

Vos quatre exercices du jour en 10 minutes maximum

Élévations de la jambe supérieure fléchie.

Mouvement idéal pour commencer.

Réalisation minimum :

Une dizaine d'élévations de chaque jambe.

Élévations arrière de la jambe fléchie.

Exercice reconnu pour son efficacité !

Réalisation minimum :

Une dizaine d'élévations de chaque jambe.

Élévations latérales de la jambe fléchie.

Exercice indispensable dans le cadre d'un entraînement spécifique sérieux !

Réalisation minimum :

Une douzaine d'élévations de chaque jambe.

Élévations latérales de la jambe fléchie.

Pour travailler l'équilibre !

Réalisation minimum :

Une douzaine d'élévations de chaque jambe.

Élévations de la jambe supérieure fléchie...

...pour commencer en douceur

But de l'exercice

Restructurer plutôt l'extérieur de la région fessière.

L'exercice

Allongez-vous latéralement sur le sol, laissez reposer votre tête sur votre bras tendu dans le prolongement du corps. L'autre bras est replié devant le thorax, paume tournée vers le sol. Étirez bien votre colonne vertébrale.

Elle doit être la plus droite possible. Ramenez vos jambes à angle droit avec le corps. Fléchissez vos mollets perpendiculaires à l'arrière des cuisses. Vos pieds doivent être fléchis en permanence.

Faites des battements de la jambe supérieure, soit une dizaine d'élévations de chaque jambe.

Si cet exercice vous semble trop difficile, vous pouvez vous aider avec la

paume de la main en appui sur le sol en le repoussant.

Ne faites pas...

reposer la jambe active sur l'autre à chaque battement car cela « coupe » l'effort et, par conséquent, l'efficacité du mouvement.

Respiration

Expirez sur l'élévation de la jambe.

Répétitions

• Si vous êtes débutante, faites une dizaine d'élévations avec chaque jambe.
• Si vous êtes plus expérimentée, procédez ainsi : faites une dizaine de battements à votre rythme, suivie par une douzaine de battements à rythme lent, et enchaînez sur une quinzaine de battements à rythme rapide.

Les conseils du coach

• Conservez bien la position des jambes à 90°.
• La position allongée sur le côté vous assure un confort certain et ne transforme pas cet exercice en épreuve de torture.
• Si vous souffrez du dos, vous pouvez faire ce mouvement en toute sécurité. Maintenez-le droit, ou légèrement fléchi si vraiment vous vous sentez mieux ainsi.
• Ce style d'exercice est souvent pratiqué en début de séance, car il tonifie les muscles en douceur et les prépare à des efforts soutenus en toute sécurité.
• Si la position allongée ne vous convient pas, vous pouvez aussi replier un avant-bras sur le sol pour prendre appui.

Variantes

• Alterner 2 élévations de jambe rapides avec 2 lentes.
• Alterner 2 grandes élévations de jambe avec 2 petites.
• Alterner 2 élévations jambes fléchies et 2 élévations jambes tendues.
• Faire une grande élévation avec un petit « rebond » sur la partie haute du mouvement.

Élévations arrière de la jambe fléchie

Un des grands classiques pour restructurer les fessiers

But de l'exercice

Tonifier l'ensemble de la région fessière et tout particulièrement sa partie haute.

Exercice

Placez-vous en position quadrupédique (à quatre pattes), veillez à conserver les jambes et les bras bien perpendiculaires au corps afin de ne pas être en déséquilibre.

Certaines pratiquantes placent leur tête dans leurs mains pour un meilleur confort de la nuque.

Faites des élévations d'une des jambes fléchies en veillant à conserver un angle droit entre le mollet et l'arrière de la cuisse. Faites une dizaine d'élévations de chaque jambe.

Gardez le pied élévateur si possible en flexion. Si vous le pouvez, contractez vos muscles fessiers pen-

dant toute la durée de l'action. Contrôlez l'exercice au maximum.

Ne faites pas...

un déplacement du bassin à chaque mouvement de jambe. Il doit toujours rester dans l'axe du corps.

Respiration

Expirez sur chaque élévation de jambe ou une fois sur deux, suivant le rythme d'exécution adopté.

Répétitions

• Si vous êtes néophyte, procédez ainsi : faites une dizaine d'élévations de chaque jambe. Reposez-vous et recommencez.

• Si vous êtes un peu plus entraînée, suivez cette méthode d'entraînement : avec la même jambe, faites une quinzaine de petites élévations à votre rythme. Reposez-vous.

Pratiquez ensuite une douzaine d'élévations un peu plus grandes sur un rythme soutenu. Enchaînez sur 8 grandes élévations sur un rythme lent. Sur cette dernière série de mouvements, le genou doit frôler le sol à

chaque fois. Procédez de la même façon avec l'autre jambe.

Les conseils du coach

• Ce mouvement est pratiqué dans les cours collectifs de culture physique.

• Il est très efficace et complète bien le précédent exercice.

• Préférez le faire de profil devant une glace, afin de vérifier en permanence la position de votre dos.

• Conservez en permanence la jambe d'action dans l'axe de son articulation.

Variantes

• Alterner un mouvement de grande amplitude et un de petite amplitude.

• Pratiquer une élévation de moyenne amplitude en maintenant 4 secondes votre jambe immobile en position haute.

• Alterner 2 élévations avec la jambe fléchie et 2 élévations avec la jambe tendue.

• Alterner 4 petites élévations réalisées sur un rythme rapide et 2 grandes élévations sur un rythme très lent (idéal pour les fessiers).

Élévations latérales de la jambe fléchie

Surnommé « le petit chien », cet exercice sollicite des fibres musculaires peu utilisées dans la vie courante.

But de l'exercice

Il tonifie plutôt la partie extérieure des fessiers, et présente aussi l'avantage de raffermir l'intérieur et l'extérieur des cuisses.

Exercice

À partir de la position quadrupédique, élevez une de vos jambes fléchies sur le côté en veillant à conserver le pied en flexion. Réalisez une douzaine d'élévations de chaque jambe.

Maintenez l'angle droit entre l'arrière de la cuisse et le mollet durant toute la durée de l'exercice.

Ne reposez pas le genou sur le sol à chaque fois.

Comme pour l'exercice précédent, veillez à garder les jambes et les

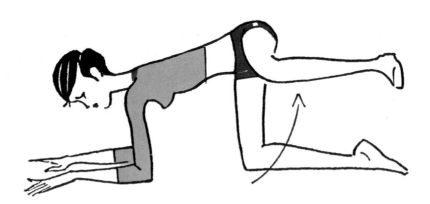

bras perpendiculaires par rapport au corps afin d'éviter tout déséquilibre.

Ne faites pas...

l'exercice en prenant appui sur les mains au lieu des avant-bras. Cela crée un creusement néfaste au niveau lombaire. C'est une erreur fréquemment constatée au sein des cours de culture physique.

Respiration

Expirez sur l'élévation de la jambe.

Répétitions

• Si vous êtes néophyte, faites une douzaine d'élévations de chaque jambe à votre rythme.

• Si vous êtes plus entraînée, procédez ainsi : avec la même jambe, faites une dizaine de petites élévations à votre rythme, reposez-vous quelques secondes, puis pratiquez une vingtaine d'élévations de plus grande amplitude sur un rythme plus soutenu. Enchaînez sur 10 mouvements les plus grands possible sur un rythme très lent.

Faites la même chose avec l'autre jambe.

Les conseils du coach

• La position quadrupédique présente l'avantage d'être très sécurisante pour le dos. C'est pour cela qu'elle est couramment utilisée. De plus, elle permet de nombreuses variantes.

• Pensez à conserver le corps le plus droit possible et à ne pas travailler en étant complètement déséquilibrée sur un côté.

Variantes

• Pratiquer une grande élévation de jambe avec un petit rebond en partie haute du mouvement.

• Alterner une petite élévation et une grande.

• Alterner 4 petites élévations sur un rythme rapide et 2 grandes sur un rythme lent.

• Alterner 2 élévations de la jambe fléchie et 2 de la jambe tendue.

Élévations latérales de la jambe fléchie

Un mouvement optimal pour travailler l'intérieur et l'extérieur des cuisses

But de l'exercice

Restructurer les parties extérieure et basse de la région fessière.

Exercice

Mettez-vous à genoux jambes écartées. Prenez appui sur une de vos mains en la plaçant sur la même ligne que vos genoux, le dos se trouve ainsi en bonne position.

Posez ensuite l'autre main sur la taille en veillant à tirer votre épaule vers l'arrière.

Pratiquez douze élévations de la jambe fléchie à angle droit, puis inversez.

Si vous le pouvez, évitez de reprendre appui sur le sol avec le genou à chaque battement.

Ne faites pas...

des battements trop vers l'arrière avec la jambe élévatrice. Cela enlève de l'efficacité au mouvement. N'arrondissez pas le dos afin de lever la jambe plus aisément. Les deux genoux doivent toujours être dans le même alignement.

Respiration

Expirez sur l'élévation de la jambe.

Répétitions

• Si vous ne l'avez jamais fait : pratiquez une douzaine d'élévations de chaque jambe.

• Si vous connaissez cet exercice, procédez ainsi avec la même jambe : faites une dizaine de petits mouvements à votre rythme. Reposez-vous quelques secondes. Pratiquez une quinzaine de battements plus grands à un rythme plus soutenu. Enchaînez sur une dizaine d'élévations très grandes réalisées le plus lentement possible. Avec l'entraînement, il est conseillé d'occulter la phase de repos pour un résultat optimal.

Les conseils du coach

• Cet exercice est à la portée de toutes. Au bout de cinq mouvements, on constate sa grande efficacité. Respecter bien tous les conseils de placement.

• On a souvent tendance à positionner le bassin en arrière (et donc à pencher le buste vers l'avant). Cela entraîne une application plus facile mais... erronée.

• Redresser la tête durant toute la réalisation de l'exercice évite d'être déséquilibrée vers l'avant et d'arrondir le dos.

Variantes

• Alterner 2 élévations de la jambe fléchie et 2 élévations de la jambe tendue.

• Alterner 2 petites élévations sur un rythme rapide et 2 grandes élévations sur un rythme lent.

• Alterner 2 élévations avec le pied en flexion et 2 élévations avec le pied en extension.

Étirement...

... afin de détendre les muscles qui viennent de travailler

Exercice

Assise en tailleur appuyez 2 fois en expirant lentement durant 6 secondes avec les mains sur l'intérieur des cuisses.

Variantes

Afin que vous n'ayez aucune courbature et que tous vos muscles soient fermes, souples et allongés, n'oubliez pas de pratiquer ces petites techniques de stretching :

• À genoux, jambes écartées, fléchissez le buste vers l'avant et étirez au maximum les mains sur le sol devant vous sans décoller les fessiers des talons. Maintenez cette posture au moins 15 secondes.

• Assise, adossée à un mur, jambes tendues et serrées devant vous : faites passer la jambe droite fléchie au-dessus de la jambe gauche tendue, puis avec les mains ramenez le genou droit le plus près possible du buste. Maintenez 20 secondes la posture avant de changer de jambe.

Bon à savoir

• Aucun résultat esthétique ne peut être obtenu sans une hygiène alimentaire.

• Il est important de suivre les programmes proposés pour l'obtention d'un contour harmonieux de vos courbes fessières.

• Si, par exemple, en élevant la jambe, vous ressentez les effets de l'effort dans la région fessière qui est statique : c'est normal !

• Aucun programme journalier n'est le fait du hasard, mais comporte des exercices complémentaires entre eux (afin de solliciter le maximum de fibres musculaires).

• Le fait d'étirer les régions qui viennent d'être exercées est extrêmement bénéfique et permet d'éliminer une partie des courbatures.

En combien de temps peut-on obtenir un résultat sur le raffermissement des fessiers en les exerçant 10 minutes par jour ?

Un résultat est déjà visible au bout de deux mois. Quant au galbe, il convient d'attendre au moins six mois pour constater de nettes améliorations.

Est-il préférable de changer d'exercices à chaque séance ou de pratiquer toujours les mêmes ?

Plusieurs méthodes de travail ont fait leurs preuves :

1 – celle qui consiste à changer de technique à chaque séance, et en réalisant des répétitions assez conséquentes ;

2 – celle qui consiste à changer de programme d'entraînement tous les mois ;

3 – celle qui consiste à modifier l'ordre des exercices à chaque séance et à changer de programme tous les deux mois.

Voilà la raison pour laquelle ce guide conseille des variantes.

Est-ce que toutes les activités physiques sont bénéfiques pour les fessiers ?

Dans l'ensemble, oui. À partir du moment où l'on se déplace sur terre ou dans l'eau, les muscles fessiers sont exercés et par conséquent renforcés.

Quels sont les sports qui durcissent le plus les fessiers ?

La course à pied, le ski, la gymnastique, la danse, la natation, l'équitation…

Ma

rdi

Votre programme

Vos quatre exercices du jour en 10 minutes maximum

 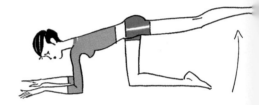

Élévations de la jambe supérieure tendue.

Le confort corporel et l'assouplissement des jambes en sus !

Réalisation minimum :
Une dizaine de petits battements de chaque jambe.

Élévations arrière de la jambe tendue.

Peu fatigant, mais performant !

Réalisation minimum :
Une dizaine de petites élévations de chaque jambe.

Élévations devant soi et sur le côté de la jambe fléchie.

Sachez-le : les élévations de la jambe font aussi travailler les fessiers. Plus question d'éviter les escaliers !

Réalisation minimum :

Une dizaine d'élévations (5 devant et 5 sur le côté, alternées) de chaque jambe.

Élévations de la jambe tendue sur le côté.

C'est peut-être l'exercice le plus difficile des quatre, mais ses résultats sont visibles très rapidement !

Réalisation minimum avec chaque jambe :

5 grandes élévations à votre rythme, 5 petites élévations à rythme rapide, 4 grandes élévations à rythme très lent.

Élévations de la jambe supérieure tendue

Un exercice sans danger pour les dos fragiles !

But de l'exercice

• Raffermir les parties extérieures de la région fessière et de la cuisse.

• Sculpter en finesse et durcir très rapidement les fibres musculaires mises en action.

Exercice

Placez-vous sur le sol en appui sur le côté.

Placez le bras en contact avec le sol, dans le prolongement du corps, et laissez reposer votre tête dessus. L'autre bras est replié devant le buste.

Placez vos jambes les plus tendues possible à angle droit avec le corps.

À partir de cette position, réalisez des battements avec la jambe supérieure, soit une dizaine de petits battements de chaque jambe.

Ne faites pas...

arrondir le dos sur l'élévation de la jambe.

Respiration

Expirez sur chaque élévation de la jambe ou une fois sur deux, suivant votre rythme respiratoire.

Répétitions

• Si vous ne l'avez jamais fait : faites une dizaine de petits battements de chaque jambe.

• Si vous êtes plus entraînée, procédez ainsi : avec une jambe, faites une dizaine de petits battements à votre rythme, suivie d'une vingtaine plus grands sur un rythme plus soutenu. Enchaînez sur une dizaine de battements (les plus grands possible) à rythme très lent. Faites la même chose avec l'autre jambe.

Les conseils du coach

• Cet exercice demande un minimum d'attention afin de ne pas fléchir les jambes et de les maintenir à 90° en permanence.

• Il est possible de faire reposer la tête au creux de la main ou de carrément prendre appui sur l'avant-bras.

• Pour bien respecter les normes de l'exercice, il est préférable de ne pas reposer à chaque fois la jambe élévatrice sur l'autre.

• Il vaut mieux avoir les jambes trop près du buste que trop éloignées. Gardez constamment à l'esprit qu'elles doivent être constamment près du corps. Tout le bénéfice de cet exercice tient du fait de l'extension permanente des jambes.

• Il est possible de s'aider en repoussant le sol avec la main qui est devant la poitrine. Il est fréquent et normal de ressentir une crampe au niveau de l'articulation de la hanche.

Variantes

• Alterner une grande élévation de jambes et 2 petites.

• Conserver la jambe immobile durant au moins 3 secondes sur la partie haute du mouvement (monter la jambe au maximum).

• Alterner 5 petites élévations sur un rythme rapide et 2 grandes sur un rythme lent.

Élévations arrière de la jambe tendue

Une position qui assure un certain confort.

But de l'exercice

• Muscler et durcir les fessiers en zone médiane, essentiellement vers le haut.

• Recommandé pour obtenir un joli bombé (sans surplus pondéral) en partie supérieure des hanches.

Exercice

En position quadrupédique, pratiquez des élévations arrière d'une des jambes la plus tendue possible (sans reposer les orteils sur le sol, si possible),faites une dizaine de petites élévations de chaque jambe.

Même si cela est un peu fastidieux, fléchissez bien votre pied actif au maximum.

Ne faites pas...

l'erreur d'écarter trop les bras. Cela provoque un déséquilibre du corps

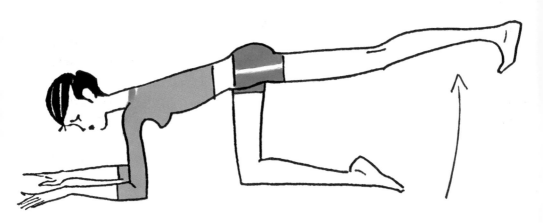

vers l'avant, qui n'est pas souhaitable. Ne vous cambrez pas durant les moments d'action ou de repos.

Respiration
Expirez sur l'élévation de la jambe.

Répétitions
• Si vous ne l'avez jamais pratiqué, faites seulement une dizaine de petites élévations de chaque jambe, sans violence, à votre rythme, en récupérant bien entre le travail des deux jambes.

• Si vous êtes un peu plus entraînée, procédez ainsi : avec une jambe, faites une dizaine de petites élévations à votre rythme et une dizaine d'élévations de moyenne amplitude sur un rythme rapide. Enchaînez sur une douzaine de grandes élévations sur un rythme très lent. Agissez de même avec l'autre jambe.

Les conseils du coach
• Il est très important de se placer correctement afin de ne pas ressentir la moindre sensation de gêne. Il est donc recommandé de veiller à placer bras et jambes à angle droit pour conserver un bon placement des articulations durant l'effort.

• Le fait d'avoir la jambe bien en extension permet une meilleure rigueur du mouvement et donc de mieux exercer les muscles fessiers. Maintenir en permanence la tête levée peut générer des contractures d'ordre cervical.

• Pour une meilleure restructuration musculaire, pensez à varier au maximum les amplitudes de mouvements.

Variantes
• Alterner 2 élévations de la jambe tendue et 2 élévations de la jambe semi-fléchie.

• Alterner 4 petites élévations sur un rythme rapide et 2 grandes sur un rythme lent.

• Alterner 2 élévations de jambe avec le pied en flexion et 2 élévations avec le pied en extension.

• Faire un petit rebond de la jambe en partie supérieure du mouvement.

Élévations devant soi et sur le côté de la jambe fléchie

Les exercices en position debout sont également performants pour travailler les fessiers.

But de l'exercice
Tonifier la partie basse et la partie latérale de la fesse.

Exercice
À partir de la position debout, élevez une de vos jambes fléchie devant vous et sur le côté en alternance, le plus haut possible. Faites une dizaine d'élévations de chaque jambe (5 devant et 5 sur le côté, alternées).
Veillez à garder la jambe constamment à angle droit durant toute la durée de l'exercice.
Maintenez le pied en flexion.

Ne faites pas...
un petit mouvement de reins afin de prendre de l'élan pour monter plus haut le genou. Le dos doit impérativement rester immobile.

Respiration
Expirez en montant votre genou.

Répétitions
• Cet exercice étant un peu fatigant, si vous êtes débutante, faites juste

une dizaine de petites élévations (devant vous et sur le côté, alternées) de chaque jambe. Efforcez-vous cependant de bien monter le genou le plus haut possible.

• Si vous n'êtes plus tout à fait néophyte, procédez ainsi avec chaque jambe : faites 8 élévations de moyenne amplitude à votre rythme, suivies d'une dizaine de petites élévations sur un rythme rapide. Terminez par 6 grandes élévations sur un rythme très lent.

Les conseils du coach

• Problème d'équilibre ? Vous pouvez prendre appui sur un dossier de chaise, ou garder la jambe d'appui tendue ou légèrement fléchie : cela n'a aucune incidence sur l'efficacité de l'exercice. En revanche, il faut le réaliser en montant le genou le plus haut possible et non en pratiquant des gestes d'amplitude irrégulière.

• Si vous êtes débutante et que vous ne disposez pas d'une tonicité musculaire suffisante pour faire cet exercice, reposez le pied sur le sol à chaque fois ; mais très rapidement efforcez-vous de l'éviter.

• Ne laissez pas trop retomber la jambe vers le bas à chaque mouvement.

Variantes

• Maintenir la jambe immobile durant 3 ou 4 secondes sur la partie haute de chaque mouvement.

• Faire un petit rebond en partie haute sur chaque mouvement.

• Alterner 2 petites élévations de jambe (une devant, une sur le côté) et 2 grandes.

• Alterner 2 élévations de la jambe fléchie et 2 élévations de la jambe semi-fléchie.

Élévations de la jambe tendue sur le côté

Pour travailler efficacement des parties musculaires peu sollicitées

But de l'exercice

• Remuscler en finesse l'ensemble de la région fessière.
• Durcir l'intérieur et l'extérieur des cuisses.

Exercice

Placez-vous en position quadrupédique en veillant à avoir les cuisses et les bras bien perpendiculaires au corps. Pratiquez des élévations d'une de vos jambes en extension complète sur le côté, soit 5 grandes élévations à votre rythme, suivi de 5 petites élévations rapides et de 4 grandes élévations très lentes. Inversez la position.
Le pied doit être bien en flexion afin de rigidifier encore plus la jambe.

Ne faites pas...

un déséquilibre du corps sur le côté afin de faciliter la montée de la

jambe. Ne reposez pas le pied sur le sol entre chaque mouvement : cela fausse complètement l'exercice.

Respiration
Expirez sur l'élévation de la jambe.

Répétitions
• Si vous êtes néophyte, avec chaque jambe faites 5 grandes élévations à votre rythme. Reposez-vous. Réalisez à nouveau 5 petites élévations à rythme rapide. Reposez votre jambe et terminez par 4 grandes élévations les plus lentes possible.

• Si vous êtes plus entraînée, avec chaque jambe faites une dizaine de grandes élévations à votre rythme. Reposez-vous. Enchaînez sur une douzaine de petites élévations les plus rapides possible. Et concluez par six grandes élévations les plus lentes possible.

Les conseils du coach
• Ce mouvement est le complément indispensable des précédents et assure de ce fait un esthétisme garanti de vos hanches.

• Comme pour beaucoup d'exercices, plus votre jambe est en extension, plus le mouvement est efficace.

• Évitez de décoller l'avant-bras correspondant à la jambe élévatrice.

• Si vraiment ce mouvement vous paraît un peu trop difficile, fléchissez légèrement la jambe pour le réaliser, et reposez-la sur le sol entre chaque mouvement.

• Veillez à élever la jambe le plus près possible du visage. En effet, plus vous l'éloignez, moins l'exercice est efficace.

Variantes
• Alterner une élévation de la jambe en extension et une élévation de la jambe en flexion.

• Alterner une élévation de la jambe avec le pied en flexion et une élévation de la jambe avec le pied en extension.

• Alterner 2 petites élévations de la jambe et 2 grandes.

• Alterner 2 petites élévations près du sol et 2 petites élévations à hauteur maximale.

Étirement...

Prenez le temps de réaliser cet étirement vertébral.

Exercice

Étirez 4 fois les bras au-dessus de votre tête, en expirant lentement durant 5 secondes.

Variantes

Afin que vous n'ayez aucune courbature et que tous vos muscles soient fermes, souples et allongés, n'oubliez pas de pratiquer ces petites techniques de stretching :

• Allongée complètement sur un côté, les jambes tendues ramenées à angle droit avec le buste : avec les mains, rapprochez le plus possible du visage la jambe supérieure tendue. Maintenez la posture au moins 15 secondes, puis inversez-la.

• Allongée sur le dos, croisez les jambes fléchies, les pieds en élévation. Avec les mains, ramenez les genoux le plus près possible du visage. Maintenez la posture pendant 15 secondes avant d'inverser la position des jambes.

Bon à savoir

• Évitez le port de vêtements serrés car cela gêne la circulation sanguine.
• Hydratez-vous suffisamment entre les repas.
• Pratiquez le plus possible de massage (ou automassage) et, si vous le pouvez, des drainages lymphatiques.

Comment faire partir le surplus graisseux des hanches?

Optez pour une hygiène alimentaire à long terme, et pratiquer un sport dynamique (qui fait dépenser beaucoup de calories), en ayant recours aux massages anti-cellulitiques et en ne manquant pas une occasion de vous dépenser, notamment en accélérant votre rythme de marche en permanence.

Quelle est l'automassage le plus performant pour les fessiers?

Le massage circulatoire de grande amplitude, assez appuyé, suivi d'un mouvement de «roulement» de la peau assez doux, style «palpé-roulé». Il convient de masser chaque jour au moins trois minutes avec assiduité chaque fesse.

Les produits raffermissants et anticellulite sont-ils efficaces?

Les produits spécifiques raffermissants et anticellulite sont actuellement assez performants (ce qui n'était pas le cas il y a plusieurs années…). Cependant, il s'agit aussi d'une question de budget, le lait corporel hydratant de base étant nettement moins cher… L'action des produits anticellulite consiste surtout à redonner un bel aspect à la peau et à faire un peu diminuer la cellulite. Mais il vaut mieux faire du sport et avoir une hygiène alimentaire que de mettre de la crème!

Les collants massant aident-ils vraiment à faire perdre la cellulite?

Parmi les personnes qui les ont testés certaines trouvent que la peau prend un aspect plus satiné, d'autres ne constatent guère d'amélioration.

En ce qui concerne les vêtements drainants…

…il faut marcher en les portant pour accentuer l'effet de massage. Ils ont un effet anti-jambes lourdes non négligeable. Les personnes qui les utilisent en sont dans l'ensemble assez satisfaites au niveau de l'aspect de la peau et constatent une sensible amélioration de la silhouette.

Merc

credi

Votre programme

Vos quatre exercices du jour en 10 minutes maximum

Petits cercles avec la jambe supérieure tendue.

Exercice agréable à réaliser.

Réalisation minimum avec chaque jambe :

Une dizaine de petits cercles à votre rythme (5 dans un sens et 5 dans l'autre), temps de repos, une douzaine de cercles plus grands (6 dans un sens et 6 dans l'autre) à rythme lent.

Élévations arrière de la jambe fléchie et tendue en alternance.

Innover dans l'efficacité !

Réalisation minimum avec chaque jambe :

20 élévations (10 avec la jambe fléchie, 10 avec la jambe tendue).

Flexions des jambes en appui sur les orteils.

Durcissement des fessiers et des cuisses assuré !

Réalisation minimum :

8 petites flexions, temps de repos, puis 10 flexions plus grandes.

Sur le côté, en alternance : élévations de la jambe fléchie et semi-fléchie.

Travaillez en douceur votre aptitude à une coordination simple !

Réalisation minimum de chaque jambe :

Une dizaine d'élévations alternées (5 avec la jambe fléchie, 5 avec la jambe semi-fléchie).

Petits cercles avec la jambe supérieure tendue

Des mouvements complets et agréables

But de l'exercice

- Raffermir l'ensemble de la région fessière, surtout l'extérieur des hanches.
- Tonifier l'intérieur des cuisses.

Exercice

Placez-vous sur le côté, le bras dans le prolongement de votre corps, et laissez reposer votre tête dessus. Ramenez vos jambes tendues et serrées perpendiculairement au corps.

Placez vos pieds en flexion. Faites une dizaine de petits cercles à votre rythme (5 dans un sens et 5 dans l'autre), temps de repos, une douzaine de cercles plus grands (6 dans un sens et 6 dans l'autre) à rythme lent.

Ne faites pas...

un placement du bras trop vers l'avant, ce qui a tendance à arrondir la colonne vertébrale. Le bras doit

être maintenu dans l'axe du corps. Réalisez des cercles avec la jambe supérieure sans la reposer sur l'autre.

Respiration

Expirez sur la partie haute des cercles.

Répétitions

• Si vous ne connaissez pas cet exercice, avec chacune de vos jambes, faites une dizaine de petits cercles (5 dans un sens, 5 dans l'autre, alternés) à votre rythme. Reposez-vous. Pratiquez à nouveau une douzaine de cercles plus grands (6 dans un sens et 6 dans l'autre, alternés) à rythme lent.

• Si vous êtes une fervente de ce mouvement, n'hésitez pas à pratiquer une douzaine de petits cercles (6 dans un sens et 6 dans l'autre, alternés) à votre rythme, suivie d'une autre douzaine de cercles plus grands à rythme très lent. Si vous le pouvez, ne prenez pas de temps de repos entre les deux séries.

Les conseils du coach

• Positionnez-vous bien.

• Il est normal de ressentir une sensation de «tiraillements» derrière les cuisses si les jambes sont bien ramenées près du visage ou tout du moins à angle droit. Faites les cercles plutôt très près du visage que trop éloignés

• Travaillez plutôt en extension musculaire maximale qu'en état de relâchement.

• Exécuter un geste en cercle nécessite la mise en action d'un plus grand nombre de fibres musculaires qu'un geste sur un simple axe.

• Vous pouvez diminuer les efforts en soulevant la jambe active avec la main. Mieux vaut s'aider qu'occulter l'exercice !

Variantes

• Alterner un petit cercle avec la jambe fléchie et un petit cercle avec la jambe semi-fléchie.

• Alterner un petit cercle dans un sens et un petit cercle dans l'autre sens.

• Alterner un petit cercle et un grand.

• Alterner un petit cercle en partie basse et un petit cercle en partie haute.

Élévations arrière de la jambe fléchie et tendue en alternance

Exercez-vous en deux temps.

But de l'exercice

Améliorer l'ensemble des hanches, notamment leur partie haute.

Exercice

À partir de la position quadrupédique, les membres étant bien perpendiculaires au sol : élevez en alternance une des jambes fléchie puis tendue. Faites 20 élévations (10 avec la jambe fléchie, 10 avec la jambe tendue).

Maintenez le pied en flexion. Le mollet de la jambe élévatrice est bien perpendiculaire à l'arrière de la cuisse.

Attention à ne jamais trop descendre la jambe vers le sol, qu'elle soit fléchie ou tendue.

Ne faites pas...

une erreur courante : la flexion du mollet sur l'arrière de la cuisse, à la

place de l'élévation de la cuisse. Le geste doit bien partir de l'articulation de la hanche.

Respiration

Expirez sur une des élévations de la jambe.

Répétitions

• Si vous ne connaissez pas ce mouvement, faites une vingtaine d'élévations de chaque jambe (10 avec la jambe fléchie et 10 la jambe tendue, alternées).

• S'il vous paraît facile, n'hésitez pas à procéder ainsi : faites une dizaine d'enchaînements sur un rythme assez soutenu, puis une dizaine d'autres sur un rythme lent. Concluez par une dizaine sur un rythme très rapide.

Les conseils du coach

• Il est plutôt conseillé d'effectuer cet exercice devant une glace, de profil si possible, afin de vérifier que les bras et les jambes sont toujours maintenus à angle droit.

• Ce mouvement améliore la coordination et, si cela n'est pas votre point fort, il ne peut que vous être recommandé.

• Le point essentiel réside dans le fait de dissocier les deux parties de l'exercice et de ne surtout pas faire un amalgame des deux.

• Maintenez bien le pied élévateur en flexion.

• Gardez le corps bien parallèle au sol durant toute la réalisation du mouvement. En effet, dans le cadre de ce style d'exercice avec deux gestes coordonnés, on a tendance à déséquilibrer le corps vers l'avant.

Variantes

• Alterner un enchaînement (une élévation de la jambe fléchie et une élévation de la jambe tendue) dans le prolongement du corps et un enchaînement sur le côté.

• Doubler 2 élévations jambe fléchie avec 2 élévations jambe tendue.

• Alterner un enchaînement de petite amplitude et un enchaînement de grande amplitude.

Flexions des jambes en appui sur les orteils

Toutes les flexions de jambes sont bénéfiques aux fessiers.

But de l'exercice

Muscler rapidement la partie médiane des fessiers.

Exercice

Debout, écartez bien vos jambes et placez-vous en équilibre sur les orteils.
Réalisez des flexions de jambes sans les remettre complètement en extension, faites 8 petites flexions, reposez-vous, puis enchaînez avec 10 flexions plus grandes.

Ne faites pas...

une flexion du buste vers l'avant au moment où vous remontez votre corps. Le tronc doit rester bien droit en permanence.

Respiration

Expirez sur la remontée du corps.

Répétitions

• Si vous n'avez jamais réalisé cet exercice, faites seulement 8 peti-tes flexions, reposez-vous quelques secondes, puis efforcez-vous de faire

une dizaine de flexions plus grandes sans interruption.

• Si vous êtes entraînée, réalisez une douzaine de petites flexions, enchaînez sur une vingtaine de flexions un peu plus grandes sur un rythme plus soutenu. Terminez par 8 flexions très grandes et très lentes. C'est un peu plus difficile, mais très efficace.

Les conseils du coach

• Soyez concentrée, car il n'est pas toujours évident de se maintenir ainsi en état d'équilibre.

• Une astuce pour vous aider à rester droite : fixez une ligne droite (l'encadrement d'une porte, par exemple), vous verrez, cela marche !

• Plus encore que les autres exercices, ce qui rend celui-ci très efficace, ce sont les différences d'amplitude.

• Il a été constaté que l'on durcit beaucoup plus vite les fessiers en réalisant des séries alternées de grandes et de petites flexions qu'en exécutant toujours le même geste. Le muscle, en effet, doit se réadapter à un nouvel effort à chaque série de mouvement.

• Beaucoup de personnes répandent le bruit que faire des flexions fait « gonfler » les cuisses. Il convient de répondre que, pour prendre du volume, il faut en faire beaucoup (au moins une demi-heure par jour).

En général, le muscle grossit surtout si on porte des poids (une barre de musculation sur les épaules, par exemple).

• Ne trichez pas : ne reposez pas les talons au sol, même deux secondes. Cela annule une partie de l'efficacité du mouvement.

Variantes

• Alterner une petite flexion et une grande.

• Rester 5 secondes dans la phase la plus basse du mouvement.

Sur le côté, en alternance : élévations de la jambe fléchie et semi-fléchie

Pour un développement harmonieux de l'ensemble de vos muscles fessiers

But de l'exercice

Tonifier la partie extérieure de la région fessière ainsi que l'intérieur et l'extérieur des cuisses.

Exercice

À partir de la position quadrupédique, élevez en alternance sur le côté une des jambes en flexion et en semi-flexion. Réalisez une dizaine d'élévations alternées (5 avec la jambe fléchie, 5 avec la jambe semi-fléchie).

Le pied de la jambe élévatrice doit en permanence rester en flexion.

Ne faites pas...

un déplacement latéral de la tête et du buste afin de les rapprocher de la jambe. Cela déforme la colonne

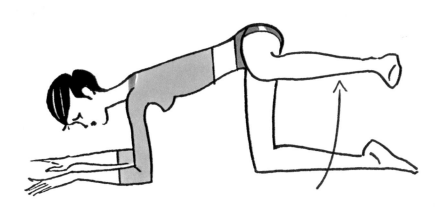

vertébrale et va à l'encontre du but recherché. Ne pas trop fléchir la jambe pour faciliter sa montée.

Respiration

Expirez sur une des 2 élévations de jambe.

Répétitions

• Si vous êtes débutante, ne forcez pas, faites seulement avec chaque jambe une dizaine d'élévations (5 avec la jambe fléchie et 5 la jambe semi-fléchie, alternées).
• Si vous êtes en forme et entraînée, procédez ainsi : faites 8 élévations (4 avec flexion et 4 avec semi-flexion) à votre rythme, enchaînez sur 8 petites élévations à rythme rapide. Concluez par 10 grandes élévations sur un rythme lent.

Les conseils du coach

• Cet exercice restructure réellement les fessiers là où on ne s'y attend pas. Il agit vraiment en profondeur.
• Élever la jambe sur le côté repré-sente un effort assez important, mais efforcez-vous cependant de la monter suffisamment haut pour rentabili-ser au maximum le mouvement. Prenez soin, si vous y pensez, de garder la cuisse bien fléchie à angle droit lors de son élévation.
• La synchronisation des deux gestes s'effectue plus aisément sur le côté qu'à l'arrière. En revanche, le taux de difficulté est plus grand.
• La jambe doit s'élever le plus près possible de l'épaule, et non pas s'éloigner vers le bassin au fur et à mesure de la réalisation du mouvement.

Variantes

• Rester quelques secondes sur la phase supérieure du mouvement.
• Faire 2 petites élévations en partie basse, suivies de 2 petites élévations en partie haute.
• Alterner une petite élévation et une grande.

Étirement...

Pour votre confort, assouplissez vos vertèbres.

Exercice

Étirez-vous en expirant lentement, 4 fois durant 5 secondes.

Variantes

Afin que vous n'ayez aucune courbature et que tous vos muscles soient fermes, souples et allongés, n'oubliez pas de pratiquer ces petites techniques de stretching :

• Assise, en position dite du «tailleur», fléchissez lentement le buste vers l'avant, en conservant le dos le plus plat possible. Les mains appuient en même temps sur les genoux. Maintenez la posture au moins 20 secondes.

• À genoux, la main droite en appui sur le rebord d'une chaise par exemple : croisez la jambe droite fléchie devant le genou gauche. Maintenez la position d'étirement maximal pendant 12 secondes avant de l'inverser.

Bon à savoir

Faut-il porter des lests (bracelets de plomb de 0,5 kg ou de 1 kg, en général) aux chevilles pour obtenir un résultat plus probant et plus rapide ?

Si vous êtes plutôt mince mais avec un manque de fermeté évident de la région fessière, n'hésitez pas à porter des lests afin d'obtenir de jolis galbes. Dans un autre cas, ne le faites pas trop souvent en raison de la prise de volume musculaire que cela peut occasionner.

Au bout de combien de temps peut-on utiliser des lests ?

Cela dépend bien sûr de sa propre aptitude de résistance à l'effort.

Pour une personne qui n'est pas entraînée, il est conseillé d'attendre au moins trois mois avant d'utiliser des lests de 0,5 kg et six mois avant de porter ceux de 1 kg. L'entraînement de résistance à l'effort doit absolument être progressif !

Y a-t-il une contre-indication à pratiquer les exercices décrits pendant 20 minutes au lieu des 10 minutes par jour, si on est très motivée ?

Absolument aucune ! Il est exact que doubler les programmes journaliers ne pourra qu'accélérer la venue du résultat.

Que peut-on faire en complément de ces exercices pour obtenir plus vite satisfaction ?

• Vous pouvez pratiquer tous les sports qui contribuent à l'élégance fessière, tels le jogging, la marche, l'escalade, le vélo, la danse, la natation…

• Vous pouvez également vous faire masser (assez énergiquement) et pratiquer l'électro-stimulation (chez certains praticiens spécialisés ou en milieu hospitalier) à l'aide de machines hyper-sophistiquées sous contrôle continu (mais attention : cela peut être parfois douloureux).

Je

idi

Votre programme

Vos quatre exercices du jour en 10 minutes maximum

Faire passer la jambe supérieure devant et derrière l'autre en alternance.

Raffermit également les cuisses…

Réalisation minimum :

Avec chaque jambe, une vingtaine de petits demi-cercles (10 vers l'avant, puis 10 vers l'arrière).

Petits cercles d'une des jambes tendue à l'arrière.

Mouvement très complet.

Réalisation minimum :

Avec chaque jambe : 10 cercles dans un sens puis 10 dans l'autre.

Recul d'une jambe à l'arrière.
Pour un joli galbe des fesses.

Réalisation minimum :
20 reculs de chaque jambe.

Flexion et extension d'une jambe vers l'arrière.
Un classique !

Réalisation minimum :
12 flexions/extensions de chaque jambe.

Faire passer la jambe supérieure devant et derrière l'autre en alternance

Un exercice parfait pour muscler et affiner vos cuisses

But de l'exercice

Tonifier fortement l'extérieur des hanches et raffermir les cuisses.

Exercice

Allongez-vous latéralement sur le sol, jambes serrées à angle droit avec le buste. Placez vos pieds en flexion.

Posez le bras en contact avec le sol, dans le prolongement du corps, et posez votre tête dessus.

Réalisez des demi-cercles de la jambe supérieure en la faisant passer devant puis derrière l'autre.

Avec chaque jambe, faites une vingtaine de demi-cercles.

Ne faites pas...

une flexion de la jambe active, ce qui annule une grande partie de l'efficacité du mouvement.

Respiration

Expirez en ramenant la jambe près du buste.

Répétitions

• Si vous ne connaissez pas ce mouvement, mieux vaut respecter toutes les normes de placement et en faire moins que de pratiquer un exercice plus facile mais pas très performant. Au début, commencez seulement par une vingtaine de petits demi-cercles avec chaque jambe.

• Si vous êtes entraînée, procédez ainsi avec chaque jambe : faites une dizaine de petits demi-cercles à votre rythme. Réalisez une douzaine de mouvements plus grands sur un rythme plus rapide. Terminez par une quinzaine de mouvements sur un rythme très lent.

Les conseils du coach

• Comme tous les mouvements où la jambe tendue se rapproche du buste, celui-ci assouplit les muscles des jambes et tonifie aussi le ventre. Dès le début, il est important de bien placer vos jambes près du corps afin de sécuriser votre dos et de conserver également un minimum de difficulté.

• Ne reposez pas vos pied sur le sol. En revanche, vous pouvez vous aider en prenant appui sur le sol à l'aide de la main qui se trouve près de votre poitrine.

• Conservez la tête dans le prolongement du corps afin de ne pas arrondir le dos.

Variantes

• Alterner 2 petits demi-cercles et 2 grands.

• Alterner 2 petits demi-cercles de la jambe tendue et 2 petits demi-cercles de la jambe semi-fléchie.

• Faire des petits demi-cercles avec la jambe décollée près du sol, afin de tonifier les muscles du ventre.

Petits cercles d'une des jambes tendue à l'arrière

Surtout, gardez un rythme constant !

But de l'exercice

Restructurer l'ensemble de la région fessière et raffermir aussi l'intérieur des cuisses.

Exercice

À partir de la position quadrupédique, élevez une jambe tendue à l'arrière et réalisez des cercles avec celle-ci, 10 cercles dans un sens puis 10 dans l'autre avec chaque jambe.

Ne faites pas...

des cercles avec la jambe trop basse, car cela change la vocation du mouvement.

Respiration

Expirez sur la partie haute des cercles.

Répétitions

• Si vous n'êtes pas très entraînée,

avec chaque jambe, pratiquez une dizaine de cercles dans un sens, puis une dizaine dans l'autre.

• Si vous êtes un peu entraînée, avec chaque jambe, réalisez une quinzaine de petits cercles dans un sens, suivie d'une quinzaine dans l'autre, à votre rythme. Reposez-vous. Pratiquez à nouveau une dizaine de grands cercles dans un sens et une dizaine dans l'autre, sur un rythme lent.

Les conseils du coach

• C'est certain, cet exercice fait partie de ceux qui améliorent le contrôle gestuel. Afin de mieux le réaliser, il est recommandé de le faire de profil devant une glace.

• Garder un rythme constant durant toute la réalisation du mouvement, car on a souvent tendance à accélérer le rythme sur la partie finale du cercle. Comme les autres mouvements circulaires, celui-ci est quasiment complet. L'attention requise pour l'exécuter ne permet pas de s'abandonner à une certaine monotonie qu'engendre bien souvent la répétition.

• Beaucoup de personnes ont tendance à arrondir leur dos dès qu'elles sont en position quadrupédique dans l'appréhension d'éventuels traumatismes : si cela est votre cas, corrigez ce réflexe. Il crée une gêne pour la réalisation de l'exercice, alors qu'adopter la position « dos plat » est tout aussi sécurisant.

• Pensez à ramener la jambe dans l'axe de la fesse à chaque mouvement, ne la laissez pas dévier à droite ou à gauche.

Variantes

• Alterner un petit cercle et un grand.

• Alterner 2 petits cercles sur un rythme rapide et 2 grands cercles sur un rythme lent.

• Pratiquer un petit cercle en position haute de la jambe et un petit cercle en position basse.

• Alterner un cercle dans un sens et un cercle dans l'autre sens.

• Faire cet enchaînement : un petit cercle suivi d'un cercle de moyenne amplitude, et enfin un grand cercle.

Recul d'une jambe à l'arrière

Ce mouvement rehausse et galbe les fesses.

But de l'exercice

Restructurer le bas des fessiers et aider à l'élimination de la petite couche graisseuse située en partie supérieure.

Suivant l'amplitude gestuelle, l'effet de restructuration musculaire se propage plus ou moins haut dans la fesse.

Exercice

À partir de la position debout, reculez et ramenez une des jambes en extension au même niveau que l'autre fléchie (cette dernière restant absolument immobile). Faites 20 reculs de chaque jambe.

Sur la phase maximale du geste, le talon est décollé.

Le dos, quant à lui, est le plus droit possible, et les épaules doivent être bien étirées vers l'arrière. La tête est levée en permanence.

Ne faites pas...

une bascule du buste vers l'avant pour vous donner de l'élan.

Respiration

Expirez en ramenant la jambe.

Répétitions

• Si vous êtes débutante, faites seulement 20 reculs avec chaque jambe.

• Si vous avez un peu plus d'expérience, pratiquez une quinzaine de reculs de moyenne amplitude à votre rythme. Enchaînez sur une vingtaine de grands reculs sur un rythme rapide.

Les conseils du coach

• D'une extrême simplicité, cet exercice est également employé pour se préparer au ski.

• À noter que plus le geste est grand, plus l'exercice est efficace. Le résultat est proportionnel à l'effort fourni… Il faut un peu de temps pour se familiariser avec ce mouvement car très vite on oublie de bien mettre la jambe en extension maximale à l'arrière, surtout si on le fait rapidement !

• Il se peut que dès le début vous ressentiez beaucoup plus le fruit de vos efforts dans la cuisse immobile que dans les fessiers ; c'est tout à fait normal. Pour permettre aux muscles fessiers de travailler de cette façon, il est essentiel que la cuisse reste en état de contraction isométrique (soit une contraction musculaire sans déplacement). Si cela vous semble un peu trop fatigant de rester ainsi les épaules étirées à l'arrière, balancez vos bras en alternance de chaque côté du corps (comme les skieurs de fond), cela donne de l'élan et du dynamisme.

• Il n'y a qu'une seule jambe active. L'autre doit rester fléchie et immobile en permanence.

Variantes

• Alterner un petit recul et un grand.

• Alterner 2 petits reculs et 2 grands.

• Alterner 4 reculs d'amplitude maximale sur un rythme rapide et 4 reculs d'amplitude maximale sur un rythme lent.

• Alterner un recul de la jambe en posant les orteils sur le sol, et un recul de la jambe en effleurant simplement le sol.

Flexion et extension d'une jambe vers l'arrière

Un classique pour les débutantes comme pour les plus entraînées

But de l'exercice

Tonifier et raffermir la région fessière dans le sens vertical, notamment le bas de la fesse.

Exercice

Placez-vous en position quadrupédique. Veillez à avoir les bras et les jambes bien perpendiculaires au corps ; c'est indispensable pour conserver l'équilibre du corps.

Ramenez une des jambes sous le corps et étendez-la le plus possible dans le prolongement de son articulation. Réalisez 12 flexions/extensions de chaque jambe.

L'autre jambe doit rester immobile !

Ne faites pas...

des gestes trop violents, afin de ne pas solliciter négativement vos vertèbres lombaires.

Respiration

Expirez en ramenant la jambe sous votre corps.

Répétition

• Si vous êtes débutante, pratiquez avec chaque jambe une douzaine de flexions/extensions à votre rythme.

• Si vous êtes plus entraînée, procédez ainsi avec chaque jambe : pratiquez une dizaine de flexions/extensions à votre rythme, suivie d'une douzaine de flexions/extensions sur un rythme rapide. Enchaînez sur une dizaine de flexions/extensions sur un rythme lent.

Les conseils du coach

• Le fait de ramener la jambe sous le corps arrondit parfois un peu les lombaires si l'on remonte trop le genou. Cela ne constitue pas un inconvénient.

• On peut, si on le désire, placer son pied en extension lors de son passage sous le corps.

• C'est un mouvement qui se fait en général sur un rythme rapide, et qui vise plus l'élimination graisseuse que le renforcement musculaire. Si vous présentez une fragilité lombaire, ne montez pas la jambe au-dessus de la parallèle au sol.

• Ne bougez pas votre tête afin de ne pas donner des impulsions néfastes à la colonne vertébrale.

Variantes

• Alterner 2 flexions/extensions sur un rythme rapide et 2 flexions/extensions sur un rythme lent.

• Alterner un geste de grande amplitude et un geste de petite amplitude.

Étirement...

Les kinésithérapeutes le recommandent !

Exercice

En position debout, jambes écartées, expirez lentement, et fléchissez
votre buste vers l'avant, parallèle au
sol, le dos plat et les bras tendus, 4
fois durant 6 secondes.

Variantes

Afin que vous n'ayez aucune courbature et que tous vos muscles
soient fermes, souples et allongés,
n'oubliez pas de pratiquer ces petites techniques de stretching :

• Allongée sur le dos, jambes fléchies, pieds sur le sol, faites passer
la jambe gauche fléchie devant la
cuisse droite. Maintenez cette posture pendant 15 secondes avant de
l'inverser.

• Debout, le dos adossé à un mur, la
jambe gauche semi-fléchie, ramenez
avec les mains le genou droit vers
l'épaule gauche. Maintenez pendant
20 secondes cette posture avant de
l'inverser.

Bon à savoir

Pour des hanches aux rondeurs harmonieuses, évitez :

• les excès alimentaires de toutes sortes ;

• la sédentarité ;

• des entraînements anarchiques de musculation ;

• les causes de stress. Celui-ci est en effet un des facteurs du surplus pondéral.

Venc

redi

Votre programme

Vos quatre exercices du jour en 10 minutes maximum

Petits cercles avec la jambe fléchie.

Agréable et complet !

Réalisation minimum de chaque jambe :

10 cercles dans un sens, 10 cercles dans l'autre.

Passages de la jambe tendue, du côté à l'arrière.

Ne muscle pas seulement les fessiers, mais délie aussi les articulations.

Réalisation minimum de chaque jambe :

5 passages, repos, à nouveau 5 passages.

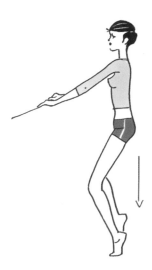

Flexions et extensions des jambes écartées.

Le classique des classiques !

Réalisation minimum :
8 petites flexions (à votre rythme) suivies de 10 grandes flexions rapides.

Cercles d'une jambe fléchie.

Muscle l'ensemble des fessiers.

Réalisation minimum avec chaque jambe :
10 cercles dans un sens, 10 cercles dans l'autre.

Petits cercles avec la jambe fléchie

Ce mouvement très efficace fait intervenir un grand nombre de fibres musculaires.

But de l'exercice

• Exercer surtout la région externe des fessiers.

• Assouplir en douceur les articulations des hanches.

Exercice

Placez-vous sur le sol, en appui sur le côté. Ramenez vos jambes fléchies et serrées perpendiculaires à votre tronc. Faites 10 cercles dans un sens, 10 cercles dans l'autre. Placez vos pieds en flexion.

Tout au long de l'exercice, maintenez bien les cuisses perpendiculaires au tronc, les mollets perpendiculaires à l'arrière des cuisses et les pieds perpendiculaires aux tibias.

Il ne vous reste plus qu'à réaliser des cercles avec la jambe supérieure.

Ne faites pas...

l'erreur de mettre la main derrière le dos pour prendre appui sur le sol, car cela «vrille» la colonne vertébrale et peut engendrer certains traumatis-

mes, non seulement au niveau des vertèbres, mais aussi au niveau des ligaments inter- et para-vertébraux.

Respiration
Expirez lorsque la jambe est la plus proche du visage.

Répétitions
• Si vous êtes toute débutante, faites une dizaine de cercles dans un sens puis une dizaine dans l'autre avec chaque jambe, à votre rythme.
• Si vous êtes entraînée, procédez ainsi : faites avec chaque jambe une dizaine de cercles dans un sens puis dans l'autre, à votre rythme, suivie d'une douzaine de petits cercles sur un rythme très rapide dans un sens, puis dans l'autre ; terminez par une douzaine de grands cercles dans un sens, puis dans l'autre, sur un rythme extrêmement lent.

Les conseils du coach
• C'est un exercice complet.
• Veiller à conserver toujours le dos le plus droit possible pour ne pas avancer le tronc vers les jambes (en l'arrondissant).

• De même, beaucoup de pratiquantes soulèvent la tête de temps à autre : c'est une fatigue inutile. Les tensions qui peuvent survenir par la suite, au niveau de la nuque, sont souvent très désagréables.
• Comme tous les mouvements dans cette position, cet exercice présente une sécurité maximale pour le dos.
• Veillez à ne pas trop éloigner la jambe du tronc lors de la réalisation des cercles. Il est préférable que la jambe d'action soit trop près plutôt que trop éloignée.

Variantes
• Alterner (dans le même sens) un petit cercle et un grand.
• Alterner un cercle dans un sens et un cercle dans l'autre.
• Alterner (dans le même sens) 5 petits cercles sur un rythme rapide et 3 grands cercles sur un rythme lent.
• Alterner 2 cercles avec la jambe fléchie et 2 cercles avec la jambe tendue.

Passages de la jambe tendue du côté à l'arrière

Cet exercice fait travailler les régions fessières les moins sollicitées.

But de l'exercice

• Activer la partie supérieure de la région fessière.

• Tonifier également les jambes.

Exercice

Placez-vous en position quadrupédique, veillez surtout à avoir le dos le plus plat possible.

Tendez une des jambes à l'arrière, le pied bien en flexion.

Ramenez-la bien tendue vers votre épaule, en essayant de la monter le plus haut possible. Puis replacez-la à nouveau à l'arrière. Faites 5 passages, un repos et à nouveau 5 passages.

Efforcez-vous d'avoir la jambe aussi élevée que vos possibilités vous le permettent.

Ne faites pas...

l'erreur de trop soulever un de vos

coudes lors de la réalisation du mouvement.

Respiration
Expirez lorsque la jambe se trouve le plus près possible de l'épaule.

Répétitions
• Si vous êtes débutante, procédez ainsi : avec chaque jambe, faites 5 mouvements, reposez le pied sur le sol puis recommencez. N'allez surtout pas trop vite !
• Si vous êtes plus entraînée, procédez de cette façon avec chaque jambe : faites 6 mouvements à votre rythme, reposez le pied sur le sol, puis 6 mouvements à rythme rapide. Reposez-vous à nouveau. Enchaînez sur 8 mouvements sur un rythme très lent.

Les conseils du coach
• Si vous trouvez cet exercice difficile, vous pouvez fléchir un peu la jambe pour le réaliser. Cela lui enlève de son efficacité, mais avec la pratique vous tendrez la jambe au fur et à mesure.

• De même, si votre jambe est insuffisamment haute, ne vous inquiétez pas : ce n'est pas très grave mais cela sollicite moins efficacement les fibres musculaires.
• Il est préférable, pour la bonne application de cet exercice, de le réaliser de profil par rapport à une glace.
• Ne prenez pas trop d'élan afin de ne pas être déséquilibrée.

Variantes
• Alterner un mouvement de la jambe semi-fléchie et un mouvement de la jambe tendue.
• Alterner 2 mouvements de petite amplitude et 2 mouvements de grande amplitude.
• Alterner un mouvement de la jambe avec le pied en flexion et un mouvement avec le pied en extension.
• Alterner un mouvement à hauteur maximum et un mouvement d'élévation moindre.

Flexions et extensions des jambes écartées

Simplicité et efficacité prouvée !

But de l'exercice
• Remuscler l'ensemble de la région fessière.
• Tonifier les jambes.

Exercice
Debout, écartez vos jambes et mettez-vous en appui sur les orteils.
Effectuez des flexions sans tendre complètement les jambes, soit 8 petites flexions (à votre rythme) suivies de 10 grandes flexions rapides.

Ne faites pas...
l'erreur de reposer les talons sur le sol à quelque moment que ce soit de l'exercice.

Respiration
Expirez en vous redressant.

Répétitions
• Si vous êtes débutante, pratiquez 8 petites flexions à votre rythme, reposez-vous quelques secondes. Enchaînez sur une dizaine de flexions plus grandes sur un rythme un peu plus rapide.
• Si vous êtes plus entraînée, pro-

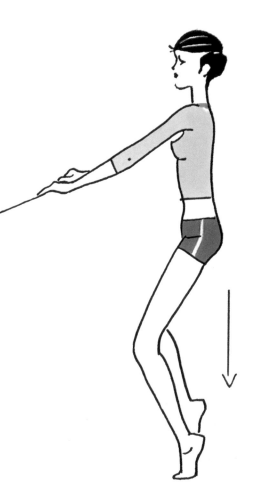

cédez ainsi : faites une douzaine de petites flexions pour vous échauffer. Enchaînez sur une dizaine de flexions plus grandes à un rythme plus soutenu. Terminez (si vous le pouvez) par 8 grandes flexions sur un rythme très lent.

Même si c'est un peu difficile, efforcez-vous de prendre le moins possible de temps de récupération.

Les conseils du coach

• Cet exercice est un mouvement de base pour les fessiers. Il est de réalisation facile et ne comporte aucun risque pour l'ensemble de la structure dorsale.

• Réaliser des flexions sollicite les muscles des cuisses. En début d'exercice, il est tout à fait normal de ressentir l'efficacité du mouvement sur le dessus des cuisses (muscles quadriceps) avant de la ressentir au niveau des fessiers.

• Pour de meilleurs résultats, effectuez des flexions sur des rythmes et des amplitudes différents. Il est également plus efficace de faire des flexions en équilibre sur les pointes de pieds qu'en appui sur les talons.

• Pour vous aider, prenez appui sur un meuble ou sur un dossier de chaise.

• Ne penchez pas le buste vers l'avant en vous redressant.

• Dans le cadre d'un entraînement de culture physique modéré et en suivant un programme précis et pensé, il n'y a aucune prise de volume musculaire disgracieuse, mais au contraire, tonification et acquisition d'une harmonie musculaire.

Variantes

• Alterner 2 petites flexions et 2 grandes.

• Alterner 4 flexions avec les jambes très écartées et 4 flexions avec les jambes plus resserrées.

• Seulement si vous êtes en pleine forme : alterner 4 petites flexions dans la position la plus basse possible et 4 flexions les plus grandes possible.

Cercles d'une jambe fléchie

Idéal pour la préparation à la danse classique !

But de l'exercice

• Restructurer l'ensemble de la région fessière.

• Assouplir les articulations des hanches.

• Tonifier les cuisses.

Exercice

À partir de la position debout : écartez vos jambes. Redressez le buste. Placez vos mains sur vos hanches.

Il ne vous reste plus qu'à exécuter des cercles avec une jambe fléchie, en évitant de reposer le pied sur le sol. Faites 10 cercles dans un sens et 10 cercles dans l'autre sens.

À noter que l'angle droit entre le mollet et l'arrière de la cuisse doit être constant. Le pied reste constamment en flexion.

Ne faites pas...

un mouvement du bassin afin de donner une impulsion à l'élévation de la jambe.

Respiration

Expirez sur la partie la plus haute du mouvement.

Répétitions

• Si vous êtes débutante, faites une dizaine de cercles dans un sens puis une dizaine dans l'autre avec chaque jambe.

• Si vous êtes plus entraînée, faites avec chaque jambe une dizaine de cercles dans un sens, puis dans l'autre à votre rythme, suivie d'une autre dizaine de cercles dans un sens et dans l'autre sur un rythme lent.

Conseils du coach

• Cet exercice est de réalisation agréable.

• Il est conseillé de fléchir légèrement la jambe inactive, afin d'éviter toute cambrure éventuelle. Vous pouvez prendre appui sur un meuble si vous en ressentez le besoin.

• Afin de rentabiliser l'exercice, il est essentiel d'effectuer des mouvements d'amplitude maximale.

• On a parfois tendance à se déséquilibrer un peu sur le côté lors de la réalisation de ce mouvement, ce qui occasionne une mauvaise position de la colonne vertébrale.

Il convient donc de veiller à conserver le dos le plus droit et le plus immobile possible durant toute la réalisation du mouvement.

• Montez le genou le plus haut possible. En revanche, évitez de trop le descendre.

Variantes

• Alterner un cercle dans un sens et un cercle dans l'autre sens.

• Alterner 4 cercles sur un rythme très lent et 4 cercles sur un rythme rapide.

• Alterner 2 cercles d'amplitude moyenne et 2 cercles d'amplitude maximale.

• Alterner 4 cercles en appui sur le talon et 4 cercles en appui sur les orteils.

Étirement...

... complet de l'ensemble du corps

Exercice

Allongée sur le sol, ventre contre terre, étirez, en expirant lentement, simultanément les deux bras et une jambe 3 fois durant 5 secondes. Procédez de la même façon avec l'autre jambe.

Variantes

Afin que vous n'ayez aucune courbature et que tous vos muscles soient fermes, souples et allongés, n'oubliez pas de pratiquer ces petites techniques de stretching :

• Assise, adossée à un mur, les jambes tendues et serrées devant vous : ramenez vers l'épaule gauche la jambe droite tendue. Maintenez la posture 20 secondes avant de l'inverser.

• Assise face à une chaise ou un lit, le dos droit, placez le talon droit dessus (la jambe droite la plus tendue possible) et déplacez-le au maximum vers la gauche. Maintenez l'étirement maximal pendant 15 secondes avant d'inverser la position.

Bon à savoir

Ne jamais oublier l'étirement !

C'est un facteur indispensable à tout entraînement de culture physique.

Doit-on obligatoirement pratiquer une ou plusieurs techniques de stretching après avoir exercé les fessiers ?

Oui ! Il est bénéfique pour les muscles de les étirer après les avoir sollicités en contraction. Pratiquer une ou deux techniques de stretching pour éliminer l'acide lactique qui stagne dans les muscles après l'effort est indispensable. De plus, les étirements allongent les muscles, entretiennent les articulations, les rendent plus souples et évitent complètement ou en grande partie les courbatures.

Les réponses aux autres questions que vous pouvez vous poser

Faire beaucoup d'exercices pour les fessiers use les articulations.
Non l'activité physique modérée entretient les articulations sans les user.

Doit-on étirer les muscles après une série d'exercices pour les fessiers ou à la fin de plusieurs séries différentes?
Ce sont deux méthodes différentes : la première donne moins de volume que la seconde et assouplit les muscles autant qu'elle les tonifie. La seconde méthode durcit plus les muscles et l'étirement final les décontracte en évitant les courbatures. Ces deux façons de travailler méritent d'être pratiquées en alternance ou par période pour changer.

Prendre des bains chauds régulièrement ramollit les fessiers.
Vrai si on passe tout son temps dans sa baignoire ; faux si on fait trempette uniquement une fois par semaine.

Les muscles fessiers des hommes se durcissent plus en faisant des exercices que ceux des femmes.
Injuste… mais exact ! Les fibres musculaires masculines donnent de meilleurs résultats que les fibres féminines qui mettent plus de temps à se tonifier.

Les bains de soleil ne sont pas recommandés pour conserver la fesse belle !
Vrai. À la longue, l'excès de soleil dessèche et flétrit la peau et accentue le relâchement du bas des fessiers.

La natation est la discipline qui restructure le plus les fessiers.
Elle les tonifie, mais pas plus que la course à pied ou la danse classique, par exemple.

Les massages réguliers sur les fessiers les durcissent.
Ils améliorent la circulation lymphatique et sanguine, ainsi que l'aspect trophique, mais en aucune façon, ils ne raffermissent ou restructurent la masse fessière.

La douche super-tonique fraîche est excellente pour la cellulite des hanches.
Vrai ! Surtout si vous possédez une « cellulite infiltrée » (cellulite avec de nombreuses années d'adipocytes comprimant vaisseaux sanguins et

lymphatiques, entravant l'élimination des toxines, occasionnant des problèmes de rétention d'eau et d'ordre circulatoire). Vous pouvez prendre une douche tiède à jet fin, puis froide en commençant par les chevilles et en remontant doucement.

Marcher une heure par jour suffit pour éliminer peu à peu la couche graisseuse des fessiers.

Faux ! En revanche, cela a quand même une action bénéfique sur la tonicité musculaire. Pour une femme qui n'aurait qu'un ou deux millimètres de graisse sur les hanches, cela peut l'éliminer au bout de quelques mois. En revanche, une personne souffrant d'un surplus pondéral important ne constatera pas beaucoup d'amélioration esthétique.

Prend-on automatiquement du volume au niveau des hanches après la cinquantaine ?

Cela n'est absolument pas une fatalité ! Actuellement, beaucoup de femmes de plus de 50 ou de 60 ans affichent une taille fine et des hanches menues en raison du sport qu'elles pratiquent et de l'hygiène alimentaire qu'elles suivent. Même si le ralentissement du métabolisme rend la perte de poids plus difficile, si l'on ne souffre pas de dysfonctionnements hormonaux, on peut absolument conserver une silhouette jeune et élancée, même si c'est au prix d'efforts plus conséquents qu'à 20 ans.

Les diurétiques font-ils diminuer à la longue le surplus graisseux des hanches ?

Les produits diurétiques éliminent l'eau, mais non la graisse ou la cellulite. La plupart des médecins les déconseillent.

Si l'on a cessé de faire du sport ou de la culture physique, grossit-on et prend-on automatiquement du ventre et des hanches ?

Non ! On ne prend du poids que si l'on continue à manger de la même façon et la même quantité que lorsqu'on faisait du sport. Si l'on cesse de s'activer physiquement, il convient de diminuer en conséquence l'apport alimentaire. Il doit correspondre aux dépenses énergétiques réelles. Par exemple, si l'on pratique une heure de sport par jour et que l'on ingère 2 500 calories, après l'arrêt du sport il ne faudra consommer que 2 000 calories pour conserver la même silhouette.

À noter que si l'on cesse de s'entraîner, on perd un pourcentage de masse musculaire qui est variable selon les individus.

LES **EXERCICES**
«pr

PRÉFÉRÉS DES
OS >>

Les exercices préférés des « pros »

Les pros aussi ont parfois des rondeurs !

Un véritable entraînement

Vous admirez les corps superbes des danseuses ou des gymnastes ? Elles possèdent souvent naturellement un beau corps (en surveillant toutefois leur alimentation), mais elles le doivent surtout à la pratique de leur discipline sportive favorite.

L'entraînement sérieux d'un sport sculpte le corps en fonction de ses caractéristiques et, la plupart du temps, le modèle de façon harmonieuse.

Malheureusement, il arrive qu'à la suite d'un relâchement d'attention (excès alimentaire ou fatigue, par exemple), et aussi du fait de l'âge, de petites rondeurs inévitables apparaissent. Il faut donc y remédier énergiquement.

Il existe bien sûr plusieurs méthodes, mais le choix des professionnels se porte souvent sur la pratique d'exercices spécifiques sélectionnés pour leur efficacité. Ce sont ces derniers qui vous sont présentés ci-après. Ils sont hyper-performants, et pas aussi difficiles qu'ils le paraissent.

Donc n'abandonnez pas dès les premiers essais. Faites 2 ou 3 répétitions de chaque exercice lors de votre première séance, et augmentez-en le nombre progressivement.

Pour un résultat visible

Vous constaterez un résultat au bout de 2 mois en pratiquant les exercices quotidiennement.

Pour un résultat rapide et efficace

Pratiquez 20 minutes ces exercices chaque jour (doublez le programme). Il n'y a aucun inconvénient à réaliser plus longtemps les exercices conseillés.

En alternance : 2 cercles de la jambe sur le côté, 2 cercles de la jambe sur le devant.
Les joies de la découverte…

Réalisation minimum de chaque jambe :
Une dizaine de cercles (devant et sur le côté) dans un sens, une autre dizaine de cercles (devant et sur le côté) dans l'autre sens.

Rotations avec une des jambes tendue.
Bien maintenir l'équilibre.

Réalisation minimum de chaque jambe :
6 rotations dans un sens, repos, 6 rotations dans l'autre sens.

En alternance : 2 cercles de la jambe sur le côté, 2 cercles de la jambe sur le devant.

Tonification, souplesse et coordination assurées

But de l'exercice

• Raffermir les parties hautes de l'extérieur de la fesse.

• Tonifier fortement l'intérieur et l'extérieur des cuisses.

• Renforcer les muscles du ventre.

• Assouplir les articulations des hanches.

Exercice

À genou, prenez appui sur le côté avec une main. Élevez latéralement la jambe qui lui est opposée. Elle doit être en extension maximale et son pied en flexion. Pensez à maintenir la tête levée et les épaules étirées vers l'arrière afin de conserver un bon placement dorsal. La main inoccupée prend appui sur la hanche. La main en appui sur le sol, le genou de soutien et la jambe en élévation sur le côté doivent être sur une même ligne. Réalisez 2 cercles de moyenne ampli-

tude sur le côté, puis faites passer la jambe devant vous pour réaliser un 2 autres cercles de face. Réalisez une dizaine de cercles (devant et sur le côté) dans un sens et une dizaine de cercles (devant et sur le côté) dans l'autre sens.

Ne faites pas...

une flexion du buste vers l'avant. Le tronc est penché sur le côté, mais reste perpendiculaire par rapport au sol.

Respiration

Expirez sur la partie supérieure des cercles.

Répétitions

• Si vous êtes débutante, faites avec chaque jambe une dizaine de cercles dans un sens (devant et sur le côté en alternance) en reposant le pied tous les 2 mouvements, puis une dizaine de cercles dans l'autre sens.
• Si vous voulez tenter l'entraînement des «pros» : faites avec chaque jambe une vingtaine de cercles (devant et sur le côté en alternance) dans un sens,

puis une vingtaine dans l'autre sens à votre rythme. Reposez-vous.
Recommencez la même série avec des cercles très grands, sur un rythme dynamique. La jambe s'élevant à chaque fois à hauteur maximale.

Les conseils du coach

• Maintenez la jambe parallèle au sol et la plus tendue possible.
• Maintenez la cuisse de la jambe d'appui perpendiculaire au sol.
• Il est plus facile de réaliser cet exercice face à une glace.

Variantes

• Alterner 2 petits cercles sur le côté et 2 grands cercles sur le devant, et vice versa.
• Alterner une série de 20 petits cercles sur le côté et une série de 20 petits cercles sur le devant sur un rythme soutenu. Recommencez ensuite en changeant de sens.
• Alterner un petit cercle et un grand sur le côté puis sur le devant. Inverser le sens des cercles tous les 20 mouvements.

Rotations avec une des jambes tendue

Ce mouvement est parfait pour restructurer les fessiers.

But de l'exercice

• Restructurer plutôt la partie médiane des fessiers.

• Raffermir un peu le ventre.

• Tonifier en finesse les muscles des cuisses.

• Assouplir les articulations des hanches.

Exercice

Debout, écartez les jambes de la largeur des hanches. Vos pieds doivent être légèrement dirigés vers l'extérieur.

Placez vos mains sur la taille. Pensez à regarder devant vous : cela permet de redresser le dos. Étirez les épaules vers l'arrière.

Puis fléchissez légèrement une des jambes, élevez l'autre en extension maximale et pratiquez 6 rotations (de l'intérieur vers l'extérieur), repos, et 6 rotations (de l'extérieur vers l'intérieur).

Reposez le pied sur le sol à chaque circumduction.

Si vous y pensez, placez le pied de la jambe d'action en permanence en flexion.

Ne faites pas...

une flexion de la jambe d'appui à chaque rotation de la jambe d'action. La jambe de soutien doit être semi-fléchie et immobile en permanence.

Respiration

Expirez sur la partie la plus haute du cercle.

Répétitions

• Si vous ne connaissez pas du tout cet exercice, procédez ainsi avec chaque jambe : pratiquez 6 rotations (de l'intérieur vers l'extérieur) à votre rythme en reposant le pied à chaque fois. Ne cherchez pas à monter trop haut la jambe. Reposez-vous quelques secondes. Réalisez à nouveau 6 rotations en vous appliquant à mieux contrôler vos mouvements.

• Si vous êtes entraînée, procédez de cette façon avec chaque jambe : faites une dizaine de rotations avec la jambe pas trop élevée, en évitant de reprendre appui sur le sol. Reposez-vous 2 ou 3 secondes. Refaites une douzaine de rotations sur un rythme plus soutenu, et terminez par 5 rotations les plus grandes possible sur un rythme très lent.

Les conseils du coach

• C'est un exercice très agréable à réaliser, où la sensation de progrès est rapide.

• Il est conseillé d'avoir la jambe d'action tendue au maximum, mais si vous ne connaissez pas le mouvement, ou si vous n'êtes pas tout à fait à l'aise, pratiquez les rotations avec la jambe en semi-flexion.

• Si vous êtes un peu fragile de la région lombaire, mieux vaut opter pour la seconde solution.

• Il vaut mieux ne pas trop élever une jambe tendue qu'élever très haut une jambe fléchie.

Variantes

• Alterner 2 cercles rapides et 2 cercles lents.

• Alterner 2 cercles d'amplitude moyenne et 2 cercles très grands.

• Alterner 4 cercles avec la jambe d'appui semi-fléchie et 4 cercles avec la jambe d'appui en extension.

Étirement...

... pour diminuer vos courbatures après un exercice de fessiers

Exercice

En étant assise en tailleur, étirez progressivement les bras devant vous durant 6 secondes. À répéter 4 fois en expirant lentement.

Il est tout à fait normal de ressentir les effets de cet étirement sur les côtés des hanches dès son application.

Variantes

• Allongée sur le dos, ramenez vos jambes sur la poitrine et écartez les genoux l'un de l'autre avec les mains pendant 8 secondes.

• En position quadrupédique, étirez en diagonale une jambe tendue pendant 10 secondes puis changez de jambe.

4 astuces de pros

1 – Dès le lever : buvez un grand verre d'eau minérale ou de source (en changeant de marque régulièrement pour nettoyer votre organisme et drainer les toxines de l'ensemble du corps.

2 – Faites des exercices pour les fessiers, douchez-vous à l'eau fraîche, et massez-vous avec une crème raffermissante aussitôt après.

3 – Faites l'acquisition d'un « mini- » système de bain bouillonnant (rassurez-vous, c'est peu onéreux…). Trempez-vous pendant dix minutes avec des huiles essentielles, massez-vous les hanches à l'eau fraîche avec la pomme de douche de massage (petit investissement pour remplacer la traditionnelle pomme de douche). Après le bain, massez vos hanches avec de l'huile corporelle en gestes amples et circulaires qui remontent la fesse.

4 – Massez-vous les fessiers le soir avec un mélange de lait corporel raffermissant et d'huile en contractant les muscles.

Qu'est-ce que les plates-formes Power Plate ?

Ce sont des machines à vibrations de pointe. On monte dessus et on vibre de partout. Les intensités vibratoires varient suivant l'objectif et l'entraînement sportif de la personne et son capital physique (âge…).

Ces machines sont censées augmenter la force, améliorer la circulation sanguine et lymphatique, la coordination et la vitesse gestuelle, diminuer la cellulite, améliorer la récupération, accélérer la reconstitution osseuse, augmenter la production des hormones de croissance, raffermir et drainer le corps d'une façon générale.

Toutefois, certaines personnes pensent que les vibrations sont au contraire très nocives pour l'organisme et n'ont pas constater sur leur corps les bienfaits annoncés par les industriels.

La méthode Pilates et les fessiers

Voici un exercice type de Pilates pour raffermir le moyen fessier.

Exercice

Allongée sur un des côtés, la tête en repos sur le bras tendu dans le prolongement du corps, un coussin plat placé entre la tête et le bras.

Pliez légèrement les genoux et ramenez les pieds souples dans l'axe des fessiers. Puis, procédez ainsi :

• Inspirez lentement et amplement par le nez.

• Expirez par la bouche en faisant remonter le périnée en contractant le ventre.

• Toujours en contractant le périnée, élevez la jambe supérieure, tout en continuant d'étirer le bras sur le sol et en gardant les pieds toujours en contact.

• Inspirez et maintenez pendant 1 ou 2 secondes la position.
Expirez lentement en reposant le genou.

À faire 10 fois de chaque côté.

Variantes

Allongez-vous sur un côté, le bras inférieur en extension sur le sol dans le prolongement du corps, un coussin plat placé entre la tête et le bras. Ramenez la jambe inférieure bien fléchie à peu près à angle droit avec le corps. Le bras supérieur est lui aussi fléchi à 90°, la main posée sur le sol (attention à ne pas hausser l'épaule).

• Inspirez par le nez lentement et profondément en étirant le bras en appui sur le sol.

• Expirez en essayant de faire remonter le périnée tout en rentrant le ventre et en ramenant la jambe supérieure à 90° avec le corps : gardez-la à peu près à 30 cm du corps pendant 5 secondes.

• Inspirez par le nez en mettant le pied supérieur en extension.

• Expirez par la bouche en fléchissant le pied.

• Tendez ensuite la jambe supérieure dans le prolongement du corps. Maintenez environ 1 ou 2 secondes la position.

• Inspirez par le nez en ramenant la jambe à angle droit avec le corps, le pied à nouveau en extension.
Attention à ne jamais relâcher la contraction du périnée.
Répétez au moins 10 fois cette opération de chaque jambe.

SI VOUS

VENEZ

d'acco

ucher

Vous venez d'accoucher...

Vos quatre exercices du jour en 10 minutes maximum

Enchaînement de petits cercles devant et derrière la jambe immobile.

C'est facile, il vous suffit d'élever la jambe !

Réalisation minimum avec chaque jambe :

6 enchaînements.

Avec cet exercice, découvrez la sensation du geste nouveau !
Ces exercices doivent être réalisés environ deux mois après l'accouchement, une dizaine de minutes par jour. N'oubliez jamais d'avoir l'accord du médecin avant de vous lancer dans une activité sportive après avoir accouché.

Cercles de la jambe arrière fléchie.

Geste inhabituel mais très efficace.

Réalisation minimum avec chaque jambe :

12 cercles dans un sens, 12 cercles dans l'autre sens.

En alternance : 2 élévations de la jambe fléchie, 2 élévations de la jambe tendue.

Une coordination simple et efficace !

Réalisation minimum avec chaque jambe :
6 enchaînements.

En alternance : 2 élévations latérales de la jambe tendue, 2 élévations latérales de la jambe fléchie.

À faire impérativement pour une fesse ronde et ferme !

Réalisation minimum avec chaque jambe :
6 enchaînements.

Enchaînement de petits cercles devant et derrière la jambe immobile.

Cet exercice est idéal si vous reprenez une activité physique.

But de l'exercice

• Restructurer l'ensemble de la région fessière, notamment le haut.

• Étirer les muscles.

• Durcir l'ensemble des jambes et surtout des cuisses si l'extension des jambes est respectée.

Exercice

Allongée sur le sol, placez-vous sur le côté. Positionnez votre bras en contact avec le sol dans le prolongement de votre corps et laissez reposer votre tête dessus. Repliez l'autre devant vous. Vos jambes sont tendues à angle droit avec le buste. Placez vos pieds en flexion.

Réalisez un petit cercle de la jambe supérieure devant celle en repos sur le sol, puis un autre cercle dans le prolongement du corps.

Faites 6 enchaînements.

Ne faites pas...

l'erreur d'éloigner les jambes du buste au cours de l'exercice.

Respiration

Expirez sur la partie haute des cercles.

Répétitions

• Si vous êtes débutante, faites avec chaque jambe 6 enchaînements dans un sens (6 cercles devant et 6 cercles derrière, alternés) en reposant le pied si besoin est. Reposez-vous quelques secondes. Recommencez dans l'autre sens.

• Si vous êtes un peu entraînée, avec chaque jambe faites une vingtaine d'enchaînements (20 cercles devant et 20 cercles derrière, alternés) sur un rythme assez dynamique.

Reposez votre pied sur le sol quelques secondes. Recommencez en sens inverse.

Les conseils du coach

• Il est très important après un accouchement de reprendre un contact nouveau avec son corps et de se réhabituer à de bonnes positions. Au départ, cet exercice, du fait de son étirement vertébral, réapprend à s'étirer, à se tenir droite et à opter instinctivement pour les bons placements.

• Cet enchaînement est très simple. N'hésitez pas à reposer votre pied sur le sol après chaque cercle et à fléchir un peu la jambe. Vous améliorerez votre entraînement avec le temps.

• Lors d'une reprise d'activité physique, préférez toujours un exercice dont la position de départ est sécurisante et surtout confortable.

• Ne baissez pas la tête, cela risque de vous inciter à courber le dos et à être mal positionnée.

Variantes

• Alterner un grand cercle devant et un petit cercle à l'arrière.

• Alterner 2 grands cercles et 2 petits cercles.

• Pratiquer une vingtaine de cercles devant, puis une vingtaine de cercles derrière.

Cercles de la jambe arrière fléchie

Entraînez-vous à bien réaliser le mouvement circulaire.

But de l'exercice

• Restructurer l'ensemble de la fesse.

• Tonifier les cuisses et leur face postérieure.

Exercice

Placez-vous en position quadrupédique en prenant soin de bien étirer votre colonne vertébrale.

Vos bras et vos cuisses devront être perpendiculaires au sol et rester dans l'axe des articulations.

À partir de cette position, élevez une de vos jambes fléchie. Le pied doit être en flexion.

Il ne vous reste plus qu'à réaliser des cercles avec cette jambe, 12 cercles dans un sens et 12 cercles dans l'autre, en gardant un angle constant entre le mollet et l'arrière de la cuisse.

Ne faites pas...

l'erreur de monter la jambe le plus haut possible en « forçant » sur les

lombaires. Pratiquez votre mouvement normalement.

Respiration
Expirez sur la partie haute du cercle.

Répétitions
• Si vous êtes débutante, avec chaque jambe commencez en douceur par une dizaine de petits cercles. Reposez votre jambe au sol. Recommencez en sens inverse.

• Si vous avez de l'expérience, avec chaque jambe pratiquez une vingtaine de petits cercles dans un sens puis dans l'autre, à la suite.

Les conseils du coach
• La position « à quatre pattes » pour ce genre d'exercice n'est plus à démontrer en ce qui concerne l'assurance d'avoir un placement sans danger pour le dos et les articulations.

• Il est vrai qu'il n'est pas naturel d'effectuer des cercles avec une jambe fléchie. Il est donc normal qu'au début vous éprouviez une difficulté.

• C'est en effet un mouvement assez inhabituel, qui oblige muscles et articulations à travailler différemment.

• On ressent très rapidement les effets de cet exercice, ce qui permet de situer avec précision les muscles sollicités.

• Ne penchez pas le buste vers l'avant, cela risque de déséquilibrer tout le corps.

Variantes
• Alterner un cercle avec la jambe fléchie et un cercle avec la jambe tendue.

• Alterner 2 petits cercles et 2 grands cercles.

• Alterner un petit cercle et un grand cercle.

En alternance : 2 élévations de la jambe fléchie, 2 élévations de la jambe tendue

Coordination et dynamisme garantis avec cet exercice !

But de l'exercice

• Tonifier l'ensemble de la zone fessière.

• Durcir l'intérieur et l'extérieur des cuisses.

• Raffermir le ventre et les cuisses.

Exercice

Placez-vous sur le côté, en appui sur le sol. Positionnez votre bras dans le prolongement du corps et posez votre tête dessus. Repliez l'autre bras devant vous.

Ramenez les jambes tendues et serrées à angle droit avec le buste.

Réalisez l'exercice en deux temps avec la jambe supérieure : 2 élévations (de moyenne amplitude) de la

jambe tendue, puis 2 élévations (de moyenne amplitude) de la jambe fléchie.

Faites 6 enchaînements.

Ne faites pas...

un déplacement du bassin en élevant la jambe.

Respiration

Expirez sur la phase maximale de l'élévation.

Répétitions

• Si vous êtes débutante, pratiquez avec chaque jambe 6 enchaînements (2 élévations de la jambe fléchie et 2 élévations de la jambe tendue).

• Si vous êtes plus expérimentée, n'hésitez pas à faire avec chaque jambe 8 enchaînements. Reposez la jambe quelques secondes sur le sol. Pratiquez à nouveau 10 enchaînements.

Les conseils du coach

• Pensez à bien étirer tout votre corps avant de commencer à vous entraîner. Étirez le plus possible votre colonne vertébrale ainsi que le bras en contact avec le sol. En effet, il est très important d'éviter tout tassement vertébral lors de la réalisation d'un effort physique.

• Effectuer un exercice en deux parties permet un temps de récupération de certaines fibres et paraît ainsi plus facile au début de son exécution. Cela engendre en outre plus de dynamisme gestuel et évite une certaine forme de monotonie.

• Bien fléchir à angle droit la cuisse et le mollet.

Variantes

• Alterner 2 petites élévations avec la jambe en flexion et 2 grandes élévations avec la jambe en extension.

• Alterner 8 mouvements sur un rythme rapide et 8 mouvements sur un rythme lent.

• Alterner 8 mouvements de petite amplitude et 8 mouvements de grande amplitude.

En alternance : 2 élévations latérales de la jambe tendue, 2 élévations latérales de la jambe fléchie

Le complément indispensable de tous les autres.

But de l'exercice

• Restructurer les parties extérieures des hanches.

• Tonifier les parties externes et internes des cuisses.

• Raffermir les jambes dans leur ensemble.

• Contribuer à alléger le surplus pondéral des hanches et à effacer leur contour disgracieux.

Exercice

À partir de la position quadrupédique, élevez 2 fois sur le côté une jambe fléchie et 2 fois tendue en alternance.

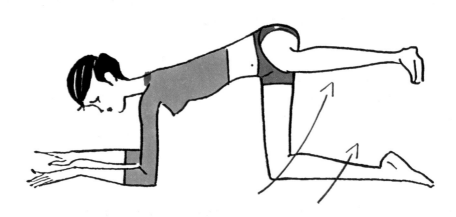

Faites 6 enchaînements

Ne faites pas...

trop pencher le corps sur le côté et évitez d'élever insuffisamment la jambe.

Respiration

Expirez sur une des élévations de jambe.

Répétitions

• Si vous êtes débutante, pratiquez avec chaque jambe au minimum 6 enchaînements.
• Si vous ne l'êtes plus, faites avec chaque jambe 8 enchaînements à votre rythme, puis 8 autres sur un rythme lent.

Les conseils du coach

• Cet exercice n'est pas habituel mais il est essentiel car il exerce les fibres musculaires qui ne sont pas sollicitées avec les exercices précédents.

• Lors des élévations de la jambe en extension, si vous n'êtes pas entraînée et si votre jambe vous semble trop lourde, n'hésitez pas à reposer le pied sur le sol. De même, élever la jambe semi-fléchie plutôt que tendue peut aider au début. Il convient bien sûr d'essayer de la mettre en extension maximale au bout de deux ou trois semaines de pratique.
• Gardez les bras perpendiculaires au sol. On a souvent tendance à trop les écarter.

Variantes

• Alterner un enchaînement sur un rythme rapide et un enchaînement sur un rythme lent.
• Alterner un enchaînement de faible amplitude et un enchaînement de grande amplitude.
• Alterner 4 petits enchaînements rapides et 2 grands enchaînements lents.

Étirement...

... pour assouplir les muscles et les articulations.

Exercice

En étant assise au sol, le dos bien droit, ramenez 3 fois lentement une jambe tendue vers le buste, l'autre jambe restant pliée.

Faites la même chose avec l'autre jambe.

Variantes

• Assise sur les talons, jambes très écartées, placez les avant-bras sur le sol devant vous en baissant la tête et en arrondissant le dos. Maintenez la position pendant 10 secondes.

• Debout, jambes écartées, penchez le buste en avant, mettez les mains sur le sol, puis positionnez votre tête entre les jambes en arrondissant le dos. Maintenez la position pendant 8 secondes.

Bon à savoir

Les écarts de jambes tonifient et aident à l'élimination de la couche graisseuse (si on travaille rapidement) de l'extérieur des hanches et des cuisses.

Les rapprochements des jambes tonifient et aident à l'élimination de la couche graisseuse (si on travaille rapidement) de l'intérieur des cuisses.

Une femme enceinte peut-elle pratiquer les exercices pour les fessiers ?

Jusqu'au 7e mois sans problème, à condition de choisir une technique où l'on est allongée sur le côté avec les jambes tendues ramenées plus ou moins à angle droit avec le buste. Les contractions isométriques sont également recommandées. Il est déconseillé de pratiquer des techniques où l'on est allongée sur le ventre et celle où l'on est en appui sur un genou, le corps basculé sur un côté.

En combien de temps peut-on récupérer une fesse ferme après avoir accouché ?

Tout dépend de votre âge et de votre silhouette avant et après l'accouchement. Une jeune mère de 25 ans qui possédait une silhouette ferme et élancée avant d'accoucher, même si elle a pris 20 kg pendant sa grossesse, récupérera ses jolies fesses et sa tonicité au bout de six mois environ si elle fait attention à son alimentation et si elle pratique un sport.

Cependant, une jeune maman de 40 ans, même si elle n'a pris que 12 kg, ne récupérera sa silhouette, mais surtout sa fermeté, qu'au bout d'un an environ et en s'entraînant plus au niveau des fessiers que si elle avait 20 ans de moins.

Bien sûr (et heureusement !), il y a toujours l'exception.

Quels sont les sports recommandés et déconseillés pour les fessiers après avoir accouché ?

La marche, avant tout, est vivement recommandée, puis les cours d'abdo-fessiers, la danse classique ou moderne, la natation…

Sont déconseillés tous les sports où l'on saute beaucoup tel que le step, ou encore l'équitation ou la course à pied. Tout ce qui favorise la descente des organes vers le bas n'est pas bénéfique à une toute jeune maman. Il convient d'attendre que tous les organes soient bien remis en place avant de les repratiquer.

Raffe

L'INTÉRIEUR ET L'EXTÉRIEUR

EN BONUS:

...rmir DES CUISSES

Raffermir l'intérieur et l'extérieur des cuisses

Vos quatre exercices du jour en 10 minutes maximum

2 flexions de jambes et 2 rapprochés de cuisses en alternance.

Exercice recommandé pour obtenir des résultats rapides.

Réalisation minimum :

20 mouvements (10 flexions et 10 rapprochés/écartés en alternance).

2 flexions du bassin et 2 rapprochés/écartés des cuisses, en alternance.

Exercice à pratiquer si vous avez des problèmes dorsaux.

Réalisation minimum :

20 mouvements (10 flexions et 10 rapprochés/écartés, en alternance).

Balances d'une jambe sur le côté.

Exercice plus original que les autres mais non moins performant.

Réalisation minimum avec chaque jambe :

8 battements, repos, 10 battements lents.

Écarter et resserrer les jambes.

Cet exercice renforce les muscles adducteurs.

Réalisation minimum :

10 mouvements à votre rythme, 10 mouvements rapides, 12 mouvements très lents.

2 flexions de jambes et 2 rapprochés de cuisses en alternance

Un bon positionnement pour de meilleurs résultats

But de l'exercice

• Assouplir les articulations des hanches.

• Tonifier les muscles des cuisses ainsi que les mollets.

Exercice

Debout, écartez vos jambes au maximum et placez-vous en équilibre sur la pointe des pieds. Veillez à conserver votre dos le plus droit possible.

Placez vos mains sur un point d'appui, en maintenant vos bras tendus. Réalisez en alternance 2 flexions (sans remonter complètement) et 2 « rapprochés/écartés » des cuisses (jambes très fléchies). Faites 20 répétitions (10 flexions et 10 rapprochés/écartés, en alternance).

Étant donné l'écart important des cuisses, les genoux ne doivent jamais se toucher.

Ne faites pas...

des rapprochés/écartés avec les jambes insuffisamment fléchies.

Pour une bonne efficacité, les cuisses doivent être parallèles au sol.

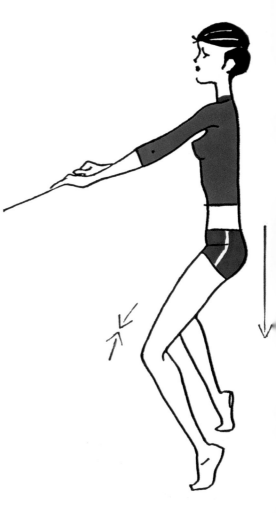

Respiration

Expirez sur une remontée du corps ou en rapprochant les cuisses l'une de l'autre.

Répétitions

• Si vous êtes débutante, faites cet enchaînement (2 flexions et 2 rapprochés/écartés) une dizaine de fois avec des mouvements de petite amplitude.

• Si vous êtes plus expérimentée, afin d'obtenir un résultat rapide, procédez ainsi : faites 8 enchaînements (2 flexions et 2 rapprochés/écartés) une dizaine de fois à votre rythme. Enchaînez sur 8 autres (faites les mouvements les plus grands possible) sur un rythme lent. Terminez par 10 autres petits enchaînements sur un rythme rapide.

Les conseils du coach

• Il est important de respecter toutes les consignes de placement du corps pour obtenir rapidement des résultats. Les mannequins et les danseuses ont recours à cet exercice dès qu'elles soupçonnent l'apparition de la moindre zone graisseuse dans cette région.

• L'erreur constatée le plus couramment est le fait de se pencher vers l'avant durant la réalisation de l'exercice. Cela n'a pas d'incidence, mais engendre souvent une mauvaise application de la gestuelle.

• Ne baissez pas la tête, cela risque de vous inciter à courber votre dos et à être ainsi mal positionnée.

Variantes

• Alterner 4 petites flexions et 4 grands rapprochés/ écartés.

• Alterner 8 petites flexions rapides et 4 grands rapprochés/écartés très lents.

• Alterner 8 grandes flexions et 8 grands rapprochés/écartés sur un rythme lent.

2 flexions du bassin et 2 rapprochés/écartés des cuisses, en alternance

Un mouvement idéal après un accouchement

But de l'exercice
• Assouplir les articulations des hanches.
• Durcir les cuisses.

Exercice
Allongée sur le dos, étirez bien votre colonne vertébrale. Placez vos bras en croix, les paumes vers le sol.

Repliez vos jambes et écartez-les au maximum (vos mains doivent pouvoir toucher vos talons). Vous pouvez prendre appui sur les talons ou sur les orteils. Veillez à avoir la tête bien décontractée sur le sol.

À partir de cette position, réalisez 2 flexions du bassin et 2 rapprochés/écartés des cuisses, en alternance.

Faites 20 mouvements (10 flexions du bassin et 10 rapprochés/écartés, en alternance).

Vous pouvez aussi faire cet exercice avec les talons sur le sol, mais dans ce cas, l'effort étant moindre, le résultat est plus long à constater.

Ne faites pas...

des gestes brusques. Ils doivent être précis et appliqués.

Respiration

Expirez sur une des remontées de bassin et en rapprochant les genoux l'un de l'autre.

Répétitions

• Si vous êtes débutante, pratiquez cet enchaînement une dizaine de fois à votre rythme.

• Si vous êtes plus entraînée, procédez ainsi pour un résultat maximal : commencez par une dizaine d'enchaînements à votre rythme. Continuez par une autre dizaine d'enchaînements sur un rythme rapide. Terminez par 8 enchaînements sur un rythme le plus lent possible.

Les conseils du coach

• Toute l'efficacité de cet exercice réside dans l'élévation du bassin : élevez-le au maximum de vos possibilités.

• Votre dos ne doit pas être arrondi au niveau des reins. Cet exercice ne comporte aucun risque pour les vertèbres. Les gestes doivent être effectués avec application et en amplitude maximale.

• Vos genoux ne doivent pas se toucher : vos jambes doivent être écartées au maximum.

Variantes

• Alterner 2 flexions du bassin et 2 petits écartés des cuisses.

• Alterner 2 flexions de bassin et 2 petits rapprochés de genoux.

• Alterner 2 grandes flexions du bassin sur un rythme lent et 4 rapprochés/écartés sur un rythme rapide.

Balances d'une jambe sur le côté

Cet exercice est plus connu des salles de danse : il donne de bons résultats.

But de l'exercice

• Affiner les muscles.

• Assouplir les articulations des hanches.

Exercice

Allongez-vous sur le dos en veillant à bien étirer votre colonne vertébrale. Placez vos bras en croix, les paumes dirigées vers le sol. Votre nuque doit être souple et votre tête bien en repos sur le sol.

Élevez une des jambes à la verticale, le pied en flexion.

Éloignez la jambe sur le côté le plus près possible du sol et faites-la revenir à la verticale. Elle doit au moins faire un angle droit avec le corps.

Si vous êtes très souple, touchez l'épaule correspondante avec le pied et ramenez normalement la jambe à la verticale.

Maintenez la colonne vertébrale le plus droit possible.

Faites 8 battements, un repos, puis 10 battements lents.

Ne faites pas...

des gestes avec la jambe trop éloignée du corps.

Rappel : les battements doivent être réalisés avec le pied le plus près possible de l'épaule afin de solliciter correctement les muscles.

Respiration

Expirez en élevant la jambe.

Répétition

• Si vous êtes débutante, avec chaque jambe faites 8 battements sans forcer, à votre rythme. Reposez-vous quelques secondes. Enchaînez sur une dizaine de battements sur un rythme très lent en cherchant à aller le plus près possible du sol.

• Si vous êtes plus entraînée, faites avec chaque jambe une dizaine de battements à votre rythme. Enchaînez sur 8 battements sur un rythme rapide. Terminez par une dizaine de battements d'amplitude maximale sur un rythme très lent.

Les conseils du coach

• Cet exercice permet également de tester son niveau de souplesse.

• Il est recommandé de contracter les muscles du ventre en ramenant la jambe à la verticale pour rentabiliser le geste au maximum. Certaines pratiquantes le réalisent en appui sur les avant-bras. Il n'y a aucun inconvénient à ce que vous optiez pour cette variante, mais sachez qu'elle sollicite un peu moins le ventre, même si elle est plus aisée à réaliser au début.

• Surtout ne pas décoller les reins du sol en éloignant la jambe du corps. Ils doivent impérativement rester en contact avec le sol.

• Si votre pied ne touche pas le sol, cela n'est pas très important. Éloignez simplement votre jambe suivant vos possibilités.

Variantes

• Alterner un mouvement de la jambe fléchie et un mouvement de la jambe tendue.

• Alterner 2 gestes rapides et 2 gestes lents.

Écarter et resserrer les jambes

Des écarts de jambes pour exercer vos muscles fessiers

But de l'exercice

• Aider à éliminer le surplus pondéral (si on travaille sur un rythme rapide).

• Affiner l'ensemble des jambes.

• Tonifier le ventre et les hanches.

• Améliorer la circulation de retour des jambes. Il est conseillé en cas de mauvaise circulation.

Exercice

Allongez-vous sur le dos en étirant bien votre colonne vertébrale. Élevez vos jambes tendues à la perpendiculaire. Placez vos pieds en flexion. Posez vos bras en croix, les paumes dirigées vers le sol. Votre nuque doit être bien décontractée.

Écartez au maximum et resserrez vos

jambes à la perpendiculaire en alternance, en les gardant constamment les plus tendues possible. Réalisez 10 écarts à votre rythme, 10 rapides puis 12 très lents.

Ne faites pas...

l'erreur de soulever et de reposer le bassin sur le sol lors des battements afin de prendre de l'élan.

Le bassin doit être en permanence sur le sol ; si vous désirez réaliser une variante, il peut être en légère élévation, mais immobile. Les muscles du ventre sont ainsi plus sollicités.

Respiration

Expirez en resserrant les jambes.

Répétition

• Si vous êtes débutante, faites une première série de 10 battements à votre rythme. Reposez-vous quelques secondes. Enchaînez sur 10 battements rapides et terminez par une douzaine de battements sur un rythme très lent. Insistez bien sur les phases externes de l'exercice.

• Si vous êtes plus entraînée, faites une série de 12 écarts à votre rythme, suivie d'une série de 10 à rythme rapide. Essayez de ne pas prendre de temps de repos. Terminez par une quinzaine de battements à rythme très lent.

Les conseils du coach

• Faites progressivement des mouvements plus amples.

• Les sensations de brûlure survenant à l'intérieur des cuisses (au niveau des muscles adducteurs) et à l'extérieur (jusqu'au niveau de l'articulation coxo-fémorale) ne sont que des indices de l'efficacité de l'exercice.

• Ne jamais ressentir la moindre cambrure lombaire. Pour cela, ne pas éloigner trop les jambes du buste.

Variantes

• Alterner 2 battements rapides et 2 battements lents.

• Éloigner une jambe après l'autre, en alternance.

• Alterner 2 petits rapprochés de jambes et 2 petits éloignés.

• Si vous vous sentez fatiguée, vous pouvez alterner 2 mouvements avec les jambes tendues et 2 mouvements avec les jambes fléchies.

Étirement
Souplesse des fesses, des jambes et du dos

Exercice
Debout jambe tendue et serrées, rapprochez au maximum le buste des cuisses pendant 8 secondes.

Variantes
• Allongée sur le dos, remontez vos-jambes tendues et écartez-les le plus possible derrière la tête pendant 12 secondes, en arrondissant bien le dos

• Debout, jambes écartées et flé-chies, fléchissez au maximum le buste et les bras vers l'avant pendant 8 secondes.

Bon à savoir

Est-il vrai que l'intérieur des cuisses est la zone féminine la plus difficile à raffermir ?

Absolument ! Il faut vraiment réaliser avec régularité les exercices spécifiques et suivre une hygiène alimentaire en permanence. Il importe donc de faire de la prévention dès 25 ou 30 ans et de ne pas attendre 60 ans avant de commencer les exercices spécifiques.

Deux astuces pour renforcer l'intérieur des cuisses à tout moment :

1 – Assise par exemple dans les transports : serrez le plus possible les cuisses l'une contre l'autre pendant 8 secondes. À faire autant de fois que nécessaire.

2 – Chez vous : allongée sur le dos, placez une serviette entre les cuisses et serrez-la le plus possible pendant 10 secondes.

Du même auteur, dans la même collection :

un corps de rêve
en 15 mn par jour
5 exercices par jour en 15 minutes maximum.

LYDIE RAISIN

NOUVEAUX **ABDOS-FESSIERS**

pour des abdos et des fessiers en béton

MARABOUT PRATIQUE

ma gym grossesse
pour continuer la gym en toute sécurité
pendant et après la grossesse

LYDIE RAISIN

PROGRAMME VENTRE PLAT

Plus de 50 exercices adaptés à votre morphologie.

MARABOUT PRATIQUE

stretching mode d'emploi

Une méthode simple d'assouplissement à faire à domicile.

maraboutpratique

LYDIE RAISIN

LYDIE RAISIN

PROGRAMME ANTI-CELLULITE

Une méthode qui a fait ses preuves

MARABOUT PRATIQUE

Pour l'éditeur, le principe est d'utiliser des papiers composés de fibres naturelles, renouvelables, recyclables et fabriquées à partir de bois issus de forêts qui adoptent un système d'aménagement durable.
En outre, l'éditeur attend de ses fournisseurs de papier qu'ils s'inscrivent dans une démarche de certification environnementale reconnue.

Imprimé en France par Mame
Dépôt légal : mars 2009
ISBN : 978-2-501-05162-0
40.8637.7 / 01